La exploración

La exploración

Omar Peña Grau

A Carmen, Tamara, Carola, Matías y Camila,

A TI (lector)….

…Para que explores tus experiencias, y descubras tu ser
interno.

CONTENIDO

(I) Un método para explorar las experiencias humanas

Introducción

Francisco Varela, señala en su obra[1] que la experiencia humana debiera investigarse con un método que permita comprender lo que ocurre en el proceso cognitivo. Para ello, propone emplear el método de la presencia plena/conciencia abierta (Mindfullness) de la corriente budista. Por otra parte, en su libro Conocer, F. Varela describe las etapas en que ha evolucionado el estudio de las ciencias cognitivas. En síntesis, este proceso se puede desplegar en cuatro etapas: primero, el nacimiento con la cibernética; segundo la base en la representación simbólica; tercero la emergencia y auto organización como resultado de los sistemas conexionistas complejos; y, cuarto el concepto de enacción.

La Enacción (poner en obra) según Francisco Varela, señala qué las respuestas, frente a las siguientes preguntas: ¿Qué es la cognición?, ¿Cómo funciona? y, ¿Cómo saber si la cognición funciona adecuadamente?, las respuestas, serían para la primera pregunta, que es una acción efectiva, historia del acoplamiento estructural que enactúa (hace emerger) un mundo. Para la segunda pregunta, la respuesta, sería que funciona a través de una red de elementos interconectados capaces de cambios estructurales durante una historia interrumpida. Para la última pregunta, la respuesta, es que funciona adecuadamente cuando se transforma en parte de un mundo de significación preexistente o configura uno nuevo.

Conocer la conciencia permitiría conocer el proceso (funcionamiento) de la toma de consciencia. A su vez, conocer el proceso de la conciencia nos llevaría a comprender qué es la conciencia. Esto nos permitiría construir realidades alternativas. Desde el punto de vista constructivista la realidad se construye en el proceso de la conciencia. Entonces, modelar el proceso de la conciencia ordinaria permite reproducir la construcción de la realidad.

El modelo de meditación disipativa (MD) es un proceso de construcción de una realidad subjetiva. Si asimilamos las etapas del proceso de la MD a la toma de conciencia ordinaria, la diferencia entre las realidades ordinaria y subjetiva se da en el tiempo de respuesta de las etapas del proceso de la toma de conciencia.

Sabemos, por experiencia, que en la conciencia ordinaria es instantánea la percepción de la realidad y, por lo tanto, no creemos que se construya en tan poco

---

[1] De cuerpo presente. F.varela, E. Thompson y E. Rosch.

tiempo. Sin embargo, en mediciones sensoriales (en niveles de microsegundos) se verifica que existen etapas en el proceso de la conciencia: intención, recuerdo, sincronización y respuesta. La MD utiliza estas etapas en la construcción de realidades subjetivas.

El modelo de MD permitiría investigar el proceso de la conciencia ordinaria y llegar a establecer qué es la conciencia o al menos vislumbrar un camino de investigación y descubrimientos, que trataría de resolver ¿qué es la conciencia?

El modelo de meditación disipativa Cread 90, planteado en "Cambio de sentido", es una buena alternativa a la investigación del rol de la conciencia en la construcción de la realidad (enacción).

Mi presentación del Software de Realidad Virtual (Meditación Disipativa) consiste en un modelo modular y tecnológico que permite acceder a la realidad virtual (realidad perceptiva sin soporte objetivo) y donde mediante un dispositivo (Hardware) y una forma o proceso tecnológico (software) se puede modelar la realidad. El dispositivo (Hardware) utilizado es el cuerpo. El proceso (Software) o forma de modelar la realidad contempla la generación de impulsos nerviosos visuales y acústicos que en el proceso circular de la energía nerviosa, provocan una interferencia vibratoria de ondas neurológicas conformando un holograma de interferencias, que despliega en una imagen virtual con participación de todos los canales sensoriales (vista, oído, tacto, olfato y gusto). Si se mantiene la coherencia de los impulsos neurológicos a través de la estimulación acústica, cada imagen virtual que aparece, retroalimenta una nueva percepción y una descripción por el intérprete, transformándose así, en una historia virtual continua.

Ahora, consideremos cómo operaría este modelo conexionista-enactivo en una sesión de meditación disipativa (cuántica). El participante percibe continuamente un estímulo sensorial (música) que produce una conexión neurológica permanente. Con anterioridad se presenta a esta estructura (sistema abierto) un estímulo sucesivo (imagen) como atractor, de forma autónoma por el participante. Durante un momento del tiempo que dura la sesión, este sistema se reorganiza "reelaborando sus conexiones" neurológicas, activándose ambas corrientes neurológicas frente a la presentación del auto-estímulo. La nueva presentación de este auto-estímulo al sistema genera un reconocimiento de él, emergiendo una configuración global representativa del modelo presentado.

Para comprobar esta hipótesis, veremos emergencia de mundos e historias virtuales, en la red de interacciones neurológicas, con la creación conexionista-enactiva, en el proceso de la meditación disipativa (cuántica).

Experiencias de un viaje conexionista-enactivo

El mes de septiembre de 2003, en un edificio de departamentos en el centro de la urbe del Gran Santiago de Chile, se junta un grupo de siete personas más un guía, para experimentar el proceso de "Evolución de la Conciencia" con ayuda de la meditación y relajación.

Durante la primera hora, el guía proporciona una síntesis o introducción de los alcances de la meditación. A continuación, durante las siguientes siete horas los participantes entran en estados alterados de conciencia y cada vez que termina la técnica del momento, deben escribir su experiencia. Al cabo de dos o tres técnicas, cada uno comienza a describir sus experiencias al resto de los participantes. Esto se hace con el fin de producir una especie de retroalimentación y estímulo para profundizar el acceso a los estados alterados. A la descripción de experiencias, se le conoce como "Narraciones o relatos de Poder". Este proceso se continúa hasta el final del taller.

De los siete participantes, las experiencias fueron del tipo siguiente:

Una de ellas vivió la experiencia de unidad cósmica con todas las cosas.

Otra vivió la fusión con el planeta.

Todas se identificaron con un ave, pez y/o animal.

Cinco viajaron a otros tiempos (época de Noé, medieval, colonia, espacial, moderna, etc.)

Seis, se identificaron con los cavernícolas.

Experiencia de unidad cósmica con todas las cosas

"Comenzó la relajación - contracción y lo hice por siete u ocho veces; luego pensé dónde ir, y elegí la época de Jesucristo, pero le pedí a mi cuerpo que no fuera conmigo, que quería ir libre (en la semana me había sacado una mala nota en los estudios que estoy haciendo; me dieron oportunidad de mejorarla y empeoró, así es que mi estado era de shock, bloqueada; yo esperaba que los ejercicios de meditación me aliviaran) pero me pasó que en todos los ejercicios no me pude soltar de mi cuerpo ni ir lejos. Cuando fuimos animales, aves o pez, fui una tortuga, que casi no se movió. Cuando fuimos cavernícolas, pasé sentada al lado del fuego, solo miraba, sin moverme. Cuando cayó el avión en la selva, el helicóptero me llevó a un lugar donde estuve al lado del agua, sin ver a nadie ni buscar nada. Ahora sentí que quería hacer la experiencia sin el cuerpo y pensé en ir a encontrarme con Jesús por lo que esperaba ver aparecer soldados romanos en sus carros, o algún pasaje conocido de sus milagros o el de niño, o mejor si solo estábamos en algún sitio de noche con la fogata prendida los apóstoles y teniendo esas enseñanzas en directo de su boca.

Pero todo estaba oscuro y esperé, esperé y nada ocurrió; entonces pedí claridad pero nada pasó. De pronto me fijé en la música, esta iba haciéndose cada vez más fuerte; eran como murmullos, que se acercaban, yo aún en la oscuridad empecé a distinguir como voces, estas se acercaban y ya eran coros de millones de voces y cuando mi corazón se llenaba de esos coros angelicales algo en el suelo estalló en miles de reflejos luminosos, se abrió el piso y emergió un espectáculo fabuloso, estaba presenciando la resurrección de Jesucristo de los muertos.

Su figura iba a la cabeza pero no definida, sino incorporada a todos y era una masa metálica dorada, era oro sólido y líquido, todos iban allí, el reino animal, mineral, vegetal, toda la creación de color dorado, pero aunque fundidos a Él, cada uno tenía su independencia mental, aunque formando parte del todo.

Me llené del brillo esplendoroso que despedía el ser mientras subía y subía y mientras seguían subiendo Jesucristo decía: "Padre lo he logrado, el mal ha sido derrotado, subo con ellos a ti, por la eternidad", y la música marcaba cada una de sus frases y todos a una sentían tal gozo que el brillo dorado se hizo casi de fuego ardiente, no quemaba, solo aumentaban los sentimientos inefables.

Yo no podía decir nada, solo miraba y sentía algo tan grande que, como no tenía mi cuerpo, me empecé a elevar y a incorporar a todos, sentí una acogida como nunca la he sentido en esta tierra, sentí su gozo, el gozo colectivo de formar parte de una nueva creación y subimos, subimos. En eso, la relajación ha terminado; ahora empieza el ejercicio y la música cambia a otra totalmente etérea, como algodonosa, celeste, azul, blanco, verde rosa, una mezcla de todos esos colores suaves y todo cambió. Con Jesucristo a la cabeza, entramos por una puerta hacia un lugar donde había campanitas y ellas se unieron a todos y aportaron la música de la naturaleza celestial y así por seis o siete puertas, todos entramos y nos llenábamos de lo que el cielo tenía para completarnos.

Lo que pasó fue que mientras fluíamos en ese torrente cristalino como de agua, aire, lo que sentí fue de que esto es el hombre verdadero, lo que yo sentía, lo sentían todos; no es fácil de explicar, lo he hecho lo mejor que he podido, pero aun así no está completo; y pensé que cuando quise ir al pasado no pude ver nada porque ya no existía, al ir el nuevo hombre hacia el cielo todo lo terrenal se quemó al llegar al cielo cambió de forma y se llenó con lo que había allí y resultó lo más grandioso que es la fusión de una creación única y eterna; lo perfecto!! todas las sensaciones juntas.

Aún ahora que lo estoy escribiendo, siento miles de sensaciones que no había imaginado sentir, saber que puedes querer hablar con alguien y está allí contigo que todo es lindo, no hay mal en nada ni en nadie, ¡no existe más!¡¡no hay penas!!

Pero también supe que esta experiencia terrenal hay que vivirla tal como se presenta, porque es un privilegio experimentar al hombre de pecado para experimentar en toda su dimensión al hombre verdadero, porque ¡¡¡ese es el eterno!!! ¡¡¡ y real!!!"

Fusión con el planeta

A través de la piedra, me contacté con la Tierra; me sentí roca volcánica, y de ahí, un viaje por el magma incandescente. Escuché y sentí la pena del planeta por el inadecuado trato que tiene el hombre con nuestro planeta. Veía imágenes de tierras deforestadas, llenas de erosión, sin bosques. Sentí una profunda pena; fue una experiencia fuerte para mí.

Identificación con un ave, pez y/o animal

Vi un pájaro que volaba por campos y selvas amazónicas, todo verde, lleno de vegetación y ríos, luego me convertí en un caballo salvaje que corría y estaba con una manada por lugares más conocido como campo de la zona central; finalmente me convertí en pez que bajaba por una cascada.

Viajar a otros tiempos

Me vi como Noé construyendo el Arca y clavando clavos de madera y amarradas con cordeles.

Me encontraba en una batalla de la época medieval y morían los soldados a mí alrededor. Era un jinete parecido a un hombre.

Sentí un ruido como de helicóptero, y sentí como ruido del universo, como ataque de galaxias.

Identificación con los cavernícolas

Estaba en una cueva en la época de las cavernas. Mi ropa era solo una piel de animal. Sostenía un palo en mis manos frente a una gran fogata que iluminaba la cueva. Mi pelo estaba muy desordenado. En otra experiencia, recorrí una gran caverna, sentí y vi su gente, yo incluida en una tribu de ambiente prehistórico, donde todo tenía un orden, como cazaban, recolectaban hierbas.

Otras Experiencias

1.- Recuerdo haber visto el anillo de Saturno muy cerca de mí, cuando viajaba sobre un planeta. Recuerdo además, el viaje en un barco de guerra, el cual tenía como energía las fuerzas desplegadas por cada uno de los remeros azotados y maltratados por otros hombres; yo era uno de los remeros. Y cómo olvidar cuando me transformé de alguna forma en un elefante, el cual divisaba la naturaleza y animales que se situaban a su alrededor.

2.-Intentamos ver a mi padre, quien había fallecido el 1 de noviembre pasado producto de una caída en la tina fracturándose el cuello. A mi padre no lo vi por más de veinte años. No éramos precisamente cercanos. La última vez que lo vi estaba inconsciente, días antes que falleciera. Con posterioridad visité su casa, de la cual no conozco mucho detalle.

Iniciamos la experiencia del espejo, una experiencia que consistía en imaginarse el espejo en el cual debiera ver las imágenes. Me costó primero, imaginarme un espejo en forma oblicua. Y más aún ver imágenes en él…

De pronto me vi subiendo por una escala hacia un segundo piso de una casa, vi de pronto un espejo que estaba en una pared, de aquellos ovales o redondos con marco de metal negro, con una pequeña mesa también de fierro, con cubierta de mármol, pero no lograba ver nada de lo que buscaba. Empecé a llamar, no sé si en voz alta o sólo en mi mente, a mi papá, como si estuviera en algún lugar de esa casa, y miraba hacia los lados a medida que avanzaba por el pasillo, movimiento que si fue notorio para Omar.

Fue un momento largo, sin encontrarlo. Temía que se acabara la música y hasta ahí no más llegara.

De pronto estaba parado en el umbral de una habitación. No vi mucho en ella, solo que tres de sus lados estaban cubiertos de espejos, iluminada por dos luces empotradas en el techo cerca de los espejos, luces más bien tenues, el color que dominaba la habitación era verde musgo, oscuro, la textura era similar a la felpa.

Miré hacia el frente pero no recuerdo haber visto mi reflejo. Miré hacia mi derecha, y ahí estaba mi padre. No lo vi de cuerpo completo, sólo hasta la cintura, con el torso desnudo. Me miró como si estuviera sorprendido, desconcertado quizás. No sé si apareció desde una segunda puerta al lado mío o estaba al otro lado del espejo. No había sonidos.

Alguien le dijo, me imagino, "¿quién es?". Él dijo algo así como mira quien está aquí. Una mujer menuda se asomó, posiblemente su madre, mi abuela paterna, también luminosa. Me miró y se retiró lentamente desapareciendo de mi vista. Quedamos solos mi padre y yo. Era un instante extraño, una situación como la que se produce cuando hemos ido a despedir a alguien al bus o al tren: uno dentro y el otro fuera separado por una corta distancia y un vidrio que impide escuchar lo que el otro dice, llenando ese momento con una comunicación hecha de gesticulaciones, sonrisas y miradas.

Yo sólo miraba. Mi padre lucía joven con su poco cabello negro (fue calvo desde joven) se veía luminoso, más luminoso de lo que era posible con la luz de la habitación. No sé si había más luz para él o si de él emanaba luz, pero no era enceguecedora.

Luego de un rato, lo veía sonreír, una sonrisa leve, como la que tenemos cuando sabemos que nos da gusto ver a alguien, pero no lo admitimos abiertamente. Hacía, no sé cómo describirlo, las poses que habitualmente hacen los físico-culturísticos para mostrar su musculatura, su buen estado físico, como diciendo, mira que bien estoy, estoy con un cuerpo envidiable, joven, haciendo ostentación de él, pero no una ostentación fuerte, sino la que haríamos a un niño para divertirlo, como si su propósito fuera entretener a un niño, algo carente de agresividad, de malicia. Solo un juego para entretener.

Sentí el momento de volver, de dejarlo. Dejé de mirar a mi derecha, donde había aparecido. Ahora miraba al frente, pero no veía mi reflejo ni a mi padre. Sentía que estaba a mi lado, mirando al mismo lugar que yo.

Una sensación me acompañó cuando la experiencia estaba terminando y que siguió por un largo rato más. Imagine a alguien parado junto a usted, digamos a su derecha. La persona pone su mano derecha en su brazo, entre el hombro y el codo y lo aprieta suavemente, como cuando alguien que lo estima lo acompaña a la puerta de su casa.

Mi padre falleció de 73 años. La casa de mi padre tiene un pasillo similar al de mi experiencia, pero sin espejos, solo unos marcos con fotos.

3.- "Me veo como una águila muy bella y majestuosa, con alas doradas que vuela por sobre las altas cumbres, entre las montañas, es una experiencia muy placentera, libre, majestuosa, siento el viento, el frío; vuelo y veo desde mi altura al frente un grupo de cóndores que vuelan muy bellos...fuertes. Sigo volando y comienzo a ver el paisaje cordillerano, siento la altura, después entro en vuelo a la ciudad, recorro por entre las personas, y paso por el lado de ellas incluso volé entre la casa de (....); percibí a su nana, pasé por su lado, volé por entre nosotros y luego volví a la montaña, fue como ir de visita y tocar a algunas personas, en la ciudad. Luego me miro desde lejos y veo como vuelo y es como si una cámara hiciera un zoom sobre mis patas y se ve que están aterrizando desde ese punto de visión; aterrizo y veo mis patas doradas y al ir pisando la tierra se van transformando en pies desnudos aterrizando suavemente sobre la tierra y eso provoca una profunda emoción, al caer ya completamente mis pies ya son humanos y me agacho y tomo un anillo que está sobre el suelo, es un anillo muy bello, tiene una hilera de diamantes de los colores del arco iris, lo coloco en mi dedo anular de la mano derecha, y se interrumpió mi visión cuando terminó la meditación..."

Así, describía la experiencia de meditación disipativa, una de las participantes que trabaja con energía, desde hace varios años, "canalizando, conectando a las personas con su divinidad, sanando las emociones, vidas pasadas, cuerpos físicos o emocionales, con el propósito de crecimiento espiritual. Ella puede leer el campo energético y comunicarse con distintas dimensiones y energías de luz de alta frecuencia, que se expresan en versos y metáforas". Después continuaba su relato.

"Comienzo viendo al frente una puerta de madera de bambú o algo parecido que tiene un sello que la cierra es un símbolo muy bonito y se abre y entro por ahí; luego voy sintiendo unos colores y texturas al ir entrando a ese espacio, había un color turquesa y podía sentir la textura del lugar era muy especial la sensación, al ir avanzando se sentían unas oleadas de energía, muy agradable; luego veo bajo mis pies que se aparece una especie de dos vigas de madera por las cuales comienzo a caminar sobre ellas, y voy mirando entre el espacio de las vigas unos restos humanos, tumbas abiertas que voy mirando desde arriba a través de estas vigas, y es como un recorrido por muchas vidas a través de estás tumbas abiertas; luego veo otros portales con sellos que se abren y entro a través de estos, y cambia el paisaje, todo se vuelve luz, con unos bellos colores de luz azules, dorados, cristalinos, y me subo a una especie de nave con otras personas y viajamos por el espacio volando; se siente la inmensidad y la sensación de vuelo en el espacio, nos rodean muchas luces como guías de este viaje, luego siento que llegamos a una especie de plataforma de luz, y me bajo y unos seres de luz, colocan en mis manos una figura geométrica de luz en tres dimensiones, realmente como un holograma, mejor dicho, y yo debía insertarlo en una esfera grande de luz azul cristalina, luego me pasaron otra y volví a hacer lo mismo en la esfera mayor, tuve que colocar cinco figuras geométricas en esta esfera, y luego la esfera como que explotó en luz hacia el universo; fue muy bello muy emocionante."

Había comenzado a llover ese sábado 12 de julio, día indicado para reunirnos un grupo de 8 personas para compartir una combinación de instrumentos de desarrollo físico, mental y espiritual. Cada uno de nosotros aportaría sus habilidades: tres de los integrantes son canalizadores, dos son practicantes de reiki y masajes terapéuticos, una quiropráctica, mi señora y yo completábamos el grupo. Comenzamos parte de la jornada con momentos de lectura y conversación para luego, irnos a almorzar. Posteriormente, nos integramos a una sesión de meditación en la que yo era el protagonista, como instructor-guía del proceso meditativo. Con el propósito de que los participantes vivieran la experiencia de unicidad de la naturaleza, expresada en las formas de vida de los vertebrados (animales, peces o aves) y, por otra parte, la expresión de emociones que se dan preferentemente en una experiencia inusual e inesperada en otro tiempo, realizamos dos técnicas de alteración de conciencia; la primera, de "transformación personal" y después un "viaje por el tiempo".

Entre las "experiencias de transformación" que fueron obtenidas por varios de los participantes figuran los vuelos de águilas, como la descrita anteriormente. En cambio, las experiencias de "viajes por el tiempo" fueron bastante disímiles. Es así que hubo experiencias de "viajes" a Egipto, a Lemuria[2] a México (tiempo de los aztecas) y otras épocas de la historia.

Conclusión

Como conclusión de las experiencias en meditación disipativa (cuántica), podemos llegar a la comprensión de que nos demos cuenta que somos creadores de nuestra experiencia a través de "Ver" y Hacer" la realidad. Es decir, somos

---

[2] Lemuria es el nombre de la última parte del Gran continente que existió en el Pacífico Mu. La verdadera destrucción de Mu y su subsiguiente hundimiento empiezan en los 30,000 AC. Esta acción continuó por muchos miles de años hasta que la última porción del antiguo Mu, conocido como Lemuria fue también sumergida en una serie de nuevos desastres, los cuales terminaron entre 10,000 y 12,000 AC.

observadores-participantes del cambio. Es lo que hoy se comienza a conocer como proceso de enacción (F. Varela).

Bibliografía

Peña, O. (2006). Cambio de sentido. Santiago de Chile: Mago Editores.

- (2008). Para salvar la Tierra. Santiago de Chile: Mago Editores.

Varela, F. (2005). Conocer. Barcelona: Gedisa.

Varela, F.; Thompson, E.; Rosch, E. (2005). De cuerpo presente. Barcelona: Gedisa.

(II) Lo que veas durante un día, modelo de trascendencia

Introducción

Si dividimos las actividades que efectuamos en un día, podemos dividirlas en dos grupos: un período de conciencia y otro dormido. La mayoría de las personas permanece aproximadamente dos tercios del tiempo en estado consciente y un tercio de él estamos durmiendo. Cuando estamos despiertos, nuestros sentidos sensoriales permanecen alertas a la percepción del mundo de las formas. La causalidad predomina en este campo de la realidad objetiva. El inconsciente está relegado a casi su inexistencia; el objeto externo o la forma (como representación de la realidad) es lo principal. Cuando estamos dormidos, comienza un proceso de percepción y creación inconsciente y plástica de la realidad. Ahora, si comprimimos el tiempo de un día a la percepción de un instante de conciencia (720 milisegundos), que contemple ambas formas de percepción (consciente, inconsciente), sin considerar el lapso de respuesta (180 milisegundos), entonces dos tercios del resto de ese instante de conciencia (360 milisegundos) estaremos en percepción sensorial y un tercio del tiempo (180 milisegundos) en percepción inconsciente. En la percepción sensorial vemos y sentimos la separación del objeto del sujeto. En cambio en la percepción inconsciente ya no es tan clara esa separación. Lo cual define dos realidades sensorial e inconsciente.

Ahora, nos asalta la duda de si la realidad que percibimos en tan corto tiempo (milisegundos), es la realidad externa, tal como se presenta a nuestros sentidos y cuánto de esa realidad quedaría fuera de nuestra conciencia.

Antonio Damasio[3] nos señala:

Aunque existe una realidad externa, lo que sabemos de ella nos llegaría por medio del cuerpo propiamente dicho en acción, a través de las representaciones de sus perturbaciones. Nunca sabríamos lo fiel que nuestro conocimiento es a la realidad "absoluta".

Entonces, paradójicamente, en apariencia vemos lo objetivo. Pues, como lo señalan G. Hernández y L.M. Rodríguez[4].

---

[3] El error de Descartes. A. Damasio.

21

Se propone un nuevo plano de la relación sujeto-objeto: el de la acción del sujeto sobre los objetos. Nuestro objetivo, lo reiteramos, es mostrar que en el proceso del conocimiento no hay observaciones puras de objetos externos, así como tampoco es posible la pura observación de los objetos por un sujeto pasivo. No se trata de un sujeto que consiste en un cerebro y un conjunto de sentidos que lo comunican con el exterior, sino de un sujeto que puede actuar sobre el exterior y puede observar las acciones que efectúa y el resultado de ellas.

De ahí, que la forma habitual de ver el mundo (conciencia sensorial), debiera preocuparnos, pues es una verdadera crisis que las actividades que realizamos diariamente, dependan de tan solo un bajísimo porcentaje de actividad consciente.

Un modelo de trascendencia

Los sentidos (visión, audición, tacto, olfato, gusto, cenestesia[5] nos dan una percepción de la realidad, como si participara un objeto externo, independiente de un sujeto observador. No se percibe la participación del sujeto en la creación del objeto observado. Sin embargo, sabemos, por investigaciones de laboratorio, que la experiencia consciente puede ser investigada. Esta experiencia debe abordarse en una situación normal y ordinaria. En esta circunstancia inicial o primer paso, nos damos cuenta que deben existir elementos ocultos a nuestra conciencia ordinaria durante el desarrollo de una experiencia consciente, cualquiera sea ella. Lo que está presente a nuestra conciencia, es una minúscula parte respecto de lo que acontece en forma "invisible". Sabemos lo que vemos y hacemos en una experiencia consciente, tan sólo de una parte mínima del proceso total. Debemos investigar la naturaleza oculta del resto del proceso de la experiencia consciente. En este punto, se puede partir de las investigaciones realizadas por Francisco Varela, de la existencia de etapas en un instante de la experiencia, que definen los módulos de participación del proceso (intención, reconocimiento, sincronización, respuesta)[6]. Hay que destacar, que estas cuatro etapas ocurren en tan solo 720 milisegundos. Es decir, cada etapa no es de más de 180 milisegundos. Entonces, cuando percibimos algo, con nuestros sentidos, y mantenemos, por ejemplo, la vista en un objeto por un segundo, cada una de estas etapas se repite y refuerza varias veces, lo necesario para que se produzca en forma inconsciente el

---

[4] Observación y acción en el conocimiento científico. G.Hernández & L.M. Rodríguez. Filosofía de la experiencia y ciencia experimental.

[5] Sensación general de la existencia del propio cuerpo, no ubica las partes del cuerpo.

[6] Estas etapas pueden asimilarse a los cuatro cuadrantes de la visión integral de Wilber: intencionalidad, cultural, cerebral y social.

reconocimiento y la sincronización para que emerja una respuesta. Si de alguna forma pudiésemos reducir esos "tiempos de espera", no se alcanzaría a reconocer los objetos ni sincronizar nuestro cuerpo-mente. Así, podemos decir, que en la práctica cada vez que percibimos "una sola vez" un objeto, en realidad ya hemos percibido esa sensación varias veces en tan solo un segundo. Esto quizás explique el fenómeno llamado "curva arqueada de posición seriada"[7], referida al proceso que siempre recordamos mejor de una lista de artículos los que están al comienzo y final de la lista, que serían los menos "contaminados" o superpuestos por los otros artículos. Las experiencias subjetivas[8] en primera persona, efectuadas en *meditación disipativa* (modelo Cread 90), permite replicar el modelo de cuatro etapas, dejando así expuestas, como testigo, el total del proceso de la experiencia consciente.

No nos cabe la menor duda de que estamos, en conciencia ordinaria, viendo colores, sonidos y formas fuera de nuestro cuerpo. Entonces, ¿por qué se dice que no existen los colores, ni sonidos, ni las formas que percibimos externamente a nosotros, bajo los nuevos conceptos de la percepción? Esto, no lo podemos entender. Y, aunque nos den todas las razones de ello, aún seguimos percibiendo las cosas como habitualmente las hemos visto. Creemos, ahora, con la comprensión de los procesos autopoiéticos, que tal proceso de percepción, de una configuración y forma de la realidad, se debe principalmente a que se genera un sistema auto-organizativo que mantiene la coherencia de la realidad en un ámbito comprensible a nuestra conciencia y que nos permita preservar coherentemente el actuar en la vida cotidiana. Sin embargo, si salimos de esta configuración de la realidad comenzamos a percibir que nosotros somos los que "vemos" y "hacemos" la realidad, entonces comprendemos la interrogante señalada anteriormente, al comienzo de este párrafo.

Hoy, podemos decir, que conocer un ámbito de un tema, cualquiera sea este, estamos centrándonos en un "espacio de la conciencia" que comprende transitoriamente un sistema cerrado o autónomo, que participa de un proceso de autogénesis (autopoiesis) que se produce a sí mismo hasta que se genera un sistema abierto por interacción con el medio, que permite la creación de nuevas estructuras.

---

[7] Los hacedores de cerebros. David H. Freedman.
[8] A. Damasio propone que la subjetividad emerge cuando el cerebro está produciendo no sólo imágenes de un objeto, no sólo imágenes de las respuestas del organismo al objeto, sino un tercer tipo de imagen, el de un organismo en el acto de percibir un objeto y responder a él.

Es probable, que cada desplazamiento de la conciencia por los espacios de la Mente produzca una interferencia en el campo holográfico que genere la realidad que esté percibiendo en ese instante.

Al final, descubriremos que podemos desplazar nuestra conciencia a través de los espacios de la mente y, así, acceder a las diversas realidades del mundo cuántico, como señala Serge King:

Cambiar de conjunto mental o desplazarse entre los diversos mundos plenamente consciente es un proceso sutil y delicado. Lo único que habrá cambiado habrá sido la percepción, modificada a voluntad para variar la experiencia. Lo único necesario para cambiar lo que uno se propone consiste en modificar los supuestos relacionados con dicho objetivo.

En la década del 90 comienza una nueva forma de percepción de la realidad. Antes de esta fecha, cada sentido tenía sólo una función específica, una sensación particular. El ojo para la visión; El oído para la audición; La lengua para el gusto; La nariz para el olfato; la piel para el tacto. Desde esa década se vislumbra un nuevo enfoque de la percepción. En cada percepción no solo participan los órganos de los sentidos, que se comunican con el exterior e interior del cuerpo, sino que la mayor cantidad de procesos (80%) que participan en el funcionamiento de la percepción están dentro del cuerpo. Más aún, ni siquiera se necesita de los órganos sensoriales, para efectuar la función de percibir una sensación específica. Hasta ese momento, de igual forma como señala Antonio Damasio[9] había dos maneras de ver las funciones del cerebro. Una que sostenía que la memoria y el lenguaje no se podían adjudicar a una determinada parte específica del cerebro sino a muchas partes de él y la otra visión que declaraba que había partes especializadas para cada función psicológica. Ahora, desde el punto de vista de los sentidos específicos, para cada función de percibir una sensación, se está empezando a desplegar la idea de que los sentidos pueden ser necesarios, pero no suficientes para sentir la sensación asignada a un sentido. Así, lo comprobamos, en algunas experiencias de visión ciega, de la sinestesia, de fenómenos parapsicológicos y transpersonales, perturbaciones de la percepción, realidad virtual y ciertos comportamientos complejos.

---

[9] El error de Descartes. Antonio Damasio.

Tipos de percepción

Habitualmente consideramos que nuestra percepción de la realidad está referida a la operación y funcionamiento normal de nuestros sentidos. Así, tenemos que la realidad se nos presenta sólo como un objeto de percepción (visual, auditivo, olfativo, gustativo y táctil). Sin embargo, desde el punto de vista de la percepción compleja ésta no es más que una forma reducida de percepción de la realidad.

El comportamiento humano de la percepción, puede abarcar desde estados normales de percepción de la realidad hasta profundos estados internos de percepción compleja de la misma.

Podemos agrupar, básicamente, cinco grandes niveles de percepción compleja. El primer lugar lo ocupa el nivel de la *Percepción sensorial externa (PSE)*. El segundo lugar lo ocupa el nivel de la *Percepción imaginativa (PI)*. En tercer lugar, tenemos el nivel de la *Percepción virtual simple (PVS)* (pantalla). En cuarto lugar el nivel de la *Percepción virtual compleja (PVC)* (inmersión). El quinto lugar lo ocupa el nivel de la *Percepción holística (PH)*.

Los niveles de inteligencia conforman dos grupos representativos del funcionamiento de la percepción. Así, por ejemplo, podemos dividir un ámbito de *Percepción Interpersonal* que comprende el nivel PSE y de un ámbito de *Percepción Intrapersonal* que contempla los niveles PI, PVS, PVC y PH.

Mientras vayamos descubriendo los diversos niveles de la percepción, veremos que se reflejan en nuestra conciencia Inter e intrapersonal de nuestra existencia. Si bien, en condiciones habituales, en control consciente, estamos recibiendo el impacto de ambas estructuras (Inter e intrapersonal) en sus grados mínimos (PSE, PI) y, por otro lado, en condiciones de sueño estamos en niveles de percepción inconscientes (PVS, PVC, PH). Sin embargo, podemos orientar conscientemente el proceso de combinación de las percepciones complejas mediante algunas técnicas de expansión de la conciencia: estructuración intrapersonal de la meditación disipativa.

Es interesante observar, que los niveles de percepción señalados, se pueden asimilar a las ondas cerebrales en las cuales operan. Así, la PSE se presenta con ondas del tipo Beta (13-26 c/s); la PI se presenta con ondas del tipo Alfa (8-13 c/s); la PVS se presenta con ondas bidimensionales Alfa-Theta; la PVC se presenta con ondas del tipo Theta (4-8 c/s); la PH se presenta con ondas Delta (0-4 c/s).

Las imágenes, emociones, sensaciones físicas y características básicas que producen las diversas estructuras de la percepción compleja son las siguientes:

La primera percepción, *sensorial externa (PSE)*, contempla las capacidades de sensación y observación del conocimiento de la realidad.

El mundo de la realidad sensorial, al que todos estamos acostumbrados, está delimitado por el buen funcionamiento de nuestros cinco órganos sensoriales. Siempre se le ha dado jerarquía a los sentidos, otorgándole mayor importancia a un sentido que a otro. Todos los sentidos son muy importantes y se complementan sinérgicamente. El supuesto básico que sostiene este mundo, es que cada elemento de él es objetivo e independiente. Cada cosa existe por sí misma.

La segunda percepción, Imaginativa (PI), debe contener un conocimiento de la realidad mediante nuestra propia imaginación, que se asemeja a la PSE pero donde están inactivas ciertas áreas cerebrales, que permiten diferenciar la realidad externa con la interna, como lo señala Eduardo Punset[10].

La tercera percepción, virtual simple (PVS), nos permite conocer la realidad presentada al sujeto como en una pantalla de representación de la realidad, como la experiencia de visión en 3D con gafas, o del sistema tradicional de realidad virtual con equipos.

La cuarta percepción, virtual compleja (PVC), permite comprender la realidad en un sentido de relación directa, holográfica e inmersiva de la identidad propia con la de otras personas, animales o cosas. Se manifiesta al:

- Sentir como propias las emociones ajenas.
- Identificación con la conciencia de otros.

El Software de Realidad Virtual sin equipos (*Meditación disipativa*), consiste en un modelo modular y tecnológico, que permite acceder a la realidad virtual (realidad perceptiva sin soporte objetivo) y, donde mediante un dispositivo (Hardware) y una forma o proceso tecnológico (software) se puede modelar la

---

[10] Eduardo Punset señala que aunque los procesos de imaginar o ver son muy similares los sentimos diferenciados: "cuando imaginamos, efectivamente está activado el sistema visual, pero se desactiva la entrada de datos auditivos, somatosensoriales y visuales del ojo, y se inhiben estas áreas en el cerebro. Si no se inhiben estas áreas, lo que estamos haciendo es ver. Todos los sentidos están actuando y nos estamos preparando para actuar. Sin embargo, cuando imaginamos, hay zonas "desconectadas": no se pretende actuar y, por tanto, sólo se activa parcialmente el sistema visual." El Alma está en el cerebro. Eduardo Punset.

realidad. El dispositivo (Hardware) utilizado es el cuerpo. El proceso (Software) o forma de modelar la realidad contempla la generación de impulsos nerviosos, principalmente, visuales y acústicos que en el proceso circular de la energía nerviosa, provocan una interferencia vibratoria de ondas neurológicas conformando un holograma de interferencias, que despliega en una imagen virtual con participación de todos los canales sensoriales (vista, oído, tacto, olfato y gusto). Si se mantiene la coherencia de los impulsos neurológicos, a través de la estimulación acústica, cada imagen virtual que aparece, retroalimenta una nueva percepción y una descripción por el intérprete, transformándose así, en una historia virtual continua.

En estados de *meditación disipativa*, podemos aprender directamente en tres dimensiones, a color y en movimiento, con todas las sensaciones que produce la inmersión virtual, identificarnos con el comportamiento de un ave, pez, animal, vegetal o mineral; experimentar visiones del mundo del origen de las ideas y de creación de las "formas platónicas"; Viajar a otros lugares conocidos o desconocidos de otros tiempos.

La Experiencia del Ciclo Evolutivo (EXCE) o también llamada Experiencia Cercana de la Evolución, permite experimentar el proceso evolutivo de la conciencia y el cerebro, al establecer comunicación silenciosa con los orígenes del Cosmos y la creación de las estrellas y planetas; la conciencia de formación de los minerales, vegetales y animales; la vivencia de nuestros ancestrales cavernícolas; el avance hacia la conciencia comunitaria moderna; las sensaciones y emociones de nuestros días; la expansión y trascendencia de la conciencia y la experiencia espiritual. El proceso, en esencia, logra poner al alcance del participante la experiencia de evolución de la conciencia, desde los orígenes del Universo hasta sus ancestros y llevarlo, posteriormente, a sentir su desarrollo y evolución hacia la espiritualidad.

La quinta percepción, *holística (PH)*, persigue trascender identidad-espacio-temporal. Se manifiesta en:

- capacidad para ser actor multidimensional de todas las realidades.
- una relación con todo lo que nos rodea.
- alcanzar la percepción consciente de estar Todo en Uno y ser Uno con Todo.
- un contacto virtual con todos los seres y cosas del planeta o con otras dimensiones.
- una comprensión de tu relación con el universo.

- crear realidades en ese espacio que lo impregna todo: el Campo Punto Cero.

Relación de modelos matemático y neuronal

Existe gran similitud del modelo Cread 90 con *el* Juego *de la Vida* de Conway[11].

El juego de la vida fue inventado en 1970 por John Conway, un joven matemático de Cambridge. En un tablero, de infinitos casilleros, se inicia el juego con supuestos básicos y donde se van generando nuevas configuraciones complejas a partir de una situación inicial muy simple. Dado que el juego de la vida puede asimilarse al modelo Cread 90, una especie de Espacio de la mente (neuronal), veremos las similitudes entre ambos modelos.

Juego de la Vida: utiliza conjunto de reglas simples para generar un comportamiento complejo.

Cread 90: Se compone de módulos simples que interactúan generando un sistema complejo.

Juego de la Vida: Se juega en un tablero que contiene cientos de miles de casilleros que cambian de estado con las reglas iniciales.

Cread 90: Se ejecuta en el cerebro (tablero) que contempla 100 mil millones de neuronas (casilleros) que cambian de estado al interactuar desde un estado inicial.

Juego de la Vida: contempla dos estados: casillero negro o blanco.

Cread 90: contempla dos estados: neurona activa o desactivada.

Juego de la Vida: Es imprevisible el comportamiento de los casilleros.

Cread 90: Es indeterminado el desarrollo de las conexiones de las neuronas.

Juego de la Vida: Genera probables emergencias de configuraciones globales.

Cread 90: El modelo es un proceso que crea emergencia de nuevas estructuras.

---

[11] El Gran diseño de S. Hawking y L. Mlodinow; Nuevos paradigmas a comienzos del tercer milenio de A. Fischer.

Juego de la Vida: Se configura en un modelo matemático.

Cread 90: El proceso utiliza elementos que se modela matemáticamente.

Juego de la Vida: El inicio del juego determina el proceso creador

Cread 90: La intención inicial es determinante del proceso creador del sistema.

Juego de la Vida: libertad inicial de elegir el objeto y posición.

Cread 90: libertad inicial de seleccionar la intención objetivada.

Otro juego computacional, creado por Steen Rasmusen, es el Jardín Electrónico, un sistema de aplicaciones de la autoorganización. Es un sistema complejo que deriva de instrucciones básicas como "semillas" que se plantan en el "suelo" (memoria del computador). A veces ocurren patrones de comportamiento autoorganizados y si se agregan interferencias que generan sistemas extremadamente complejos.

Tanto el Juego de la vida, el Jardín electrónico, como el modelo Cread 90, por último, sostienen la comprensión de que nosotros somos los creadores de la realidad. Como señala S. Hawking:

Nosotros somos los creadores –escogemos el estado inicial del sistema al especificar los objetos y sus posiciones en el inicio del juego.

Conclusión

La Meditación disipativa (realidad virtual sin equipos), contiene todos los elementos y propiedades para ser considerada como un método de Reducción Fenomenológica, pues es una forma de contemplación de los fenómenos, tal como se experimentan, en su esencia, sin revestirlos a referencias del pasado, como son conceptos, creencias y asociaciones o relaciones con otros actos conscientes que impliquen interpretaciones de la realidad. Es así, que la Meditación disipativa constituye una poderosa herramienta que contribuye al estudio del "difícil problema de la conciencia"[12](Chalmers).

---

[12] Se trata de un concepto acuñado por el filósofo de la mente David Chalmers y que tiene que ver con esta pregunta ¿Cómo es posible que el cerebro que sólo procesa señales eléctricas o químicas

Bibliografía

Capra, F. (2003). Las Conexiones Ocultas. Barcelona: Editorial Anagrama.

Damasio, A. ((2009). El error de Descartes. Barcelona. Editorial Crítica.

Doore, G. (1993). El viaje del chamán. Barcelona: Kairós.

Freedman, D (1996). Los Hacedores de Cerebros. Santiago de Chile: E. Andrés Bello.

Hawking, S. & Mlodinow, L. (2010). El gran diseño. Barcelona: Editorial Crítica, S.L.

G.Hernández & L.M. Rodríguez. (2003). Filosofía de la experiencia y ciencia experimental. México: Fondo de Cultura Económica.

Kronmüller, E. & Cornejo C. (2008). Ciencias de la mente. Chile. J.C. Sáez Editor.

Maturana, H. y Varela, F. (2004). De Máquinas y Seres Vivos. Argentina: Editoriales Universitaria/Lumen.

Peña, O. (2004). El Universo en un instante de conciencia. Stgo. de Chile: Lom Ediciones Ltda.

- (2006). Cambio de sentido. Santiago de Chile: Mago Editores.

Punset, E. (2012). El Alma está en el cerebro. Barcelona: Ediciones Destino S.A.

Wilber, K. (1989). La conciencia sin fronteras. Barcelona: Kairós.

- (2003). Una teoría de todo. Barcelona: Kairós.

---

de lugar a una experiencia subjetiva consciente? El problema difícil consiste en que no somos capaces siquiera de imaginar cómo una actividad neuronal, física, es capaz de producir fenómenos subjetivos y aparentemente intangibles.

(III)   La epistemología constructivista de Piaget

Introducción

Algunos pensadores de estos tiempos, están comprendiendo que el hombre ha cumplido y está jugando un papel importante en la creación del Universo. Entiende que ya no es posible asegurar una completa objetividad permanente de los sucesos en el tiempo, él participa (es sujeto y objeto) de estos cambios. El principio de causalidad se invierte y transforma en un principio de finalidad; se distorsionan los conceptos de dimensión espacio-tiempo y dejan de ser limitaciones a la conciencia; aparece como aceptable la coexistencia de dos o más mundos paralelos; el pasado, presente y futuro es una falsa o incompleta percepción de la realidad; su visión espacial no está limitada a la aproximación de sus órganos sensoriales; comprende que la historia de la humanidad tiene un sentido de ser un proceso para el desarrollo de la conciencia, objetivo predeterminado por la propia conciencia universal.

Por otra parte, estos apóstoles del nuevo pensamiento advierten que en este momento el hombre debe hacer algo en su conciencia y decidirse con urgencia a modificar su forma de percibir, de pensar y de actuar en todas las actividades de la sociedad humana, dado que existen suficientes pruebas del deterioro progresivo (entropía), en que está involucrándose la humanidad con un alto riesgo de destrucción de sí misma. Así, el hombre deberá continuar evolucionando, desde una Era de la Comunicación a una Era de la Comprensión para ir definitivamente hacia una Era de la Creación.

Desde el punto de vista de la epistemología constructivista, que se deriva de la visión de Piaget[13] haremos un símil de su postura con el modelo del proceso autonómico Cread 90, pues ambas visiones comparten muchos de los elementos que estructuran el proceso de conocimiento de la realidad.

La semejanza señalada a continuación, se hará en base a los planteamientos expuestos por Manuel Gil Antón en su texto *La epistemología constructivista*[14] que a mi parecer, son elementales dentro del tema cognitivo.

---

[13] Epistemología genética.
[14] La epistemología constructivista. Manuel Gil Antón. Capítulo del libro Filosofía de la experiencia y ciencia experimental de coordinadores G. Hernández y L.M. Rodríguez.

La imprevisibilidad

Del texto de Manuel Gil Antón:

"la idea de que la estructuración de los conocimientos sucede de modos "imprevisibles, múltiples y continuamente renovados", de tal suerte que su análisis *resulta de provecho después o durante su proceso de* constitución. *Esta tendencia conduce a una* actitud *no normativa, abierta a la* evolución *de las* ciencias."

De mis obras:

Se reconoce la necesidad de establecer nuevos procedimientos y enfoques que permitan comprender, desarrollar y utilizar una CIENCIA DE LA VIDA con el objeto de que el hombre despierte a la plenitud de su ser.

Lograr este propósito, requiere en primer lugar, definir la vida como ciencia de la ACCION y la CREACION. Los alcances de este enfoque pueden llevar la investigación hacia el conocimiento y comprensión de profundos aspectos de la naturaleza humana, cuyos resultados finales son hasta ahora inciertos e imprevisibles, pero que sin duda alguna, llevarán al hombre hacia el descubrimiento de nuevas fronteras de actividad y creatividad humana.

A pesar que sabemos que en un sistema complejo, lo normal es vivir con estados indeterminados e imprevisibles, por lo emergente, en alguna medida el azar podemos manejarlo con cierto rango de probabilidades.

Las implicancias de la aplicación del modelo de aprendizaje frente al cambio, expuesto en este proyecto, pueden ser tremendamente imprevisibles y espectaculares dada la forma expansiva de participación y velocidad en la comunicación de los actores del cambio lo que hace que tenga todas las características de una estructura disipativa. De ahí que puede llamárseles Centros de Conciencia Disipativa.

Emerge una vorágine de situaciones imprevisibles y cambiantes que no pueden ser programadas con el método ortodoxo. Se necesita de un nuevo enfoque de estrategias para enfrentar el cambio continuo y permanente.

La pregunta central

Del texto de Manuel Gil Antón:

"No puede entenderse un programa *de tal envergadura sin apreciar que su originalidad reside en una modificación de la pregunta central que orienta al proceso de su* construcción. *Lo primero y primordial, que hace Piaget es transformar la pregunta tradicional de la* teoría *del conocimiento, consagrada en la expresión clásica: ¿Qué es el conocimiento?"*

De mis obras:

¿Qué es la conciencia de una experiencia? La pregunta apunta a lo que vemos o somos testigos en el proceso de tener una experiencia. Es el recorrido consciente por las etapas del proceso de la experiencia de la realidad.

¿Qué es la realidad? comienza en el momento en que se produce en nosotros una alteración de nuestra realidad ordinaria, de tal modo, que afectan la percepción, pensamientos y actuación del individuo.

¿Qué es la inteligencia? podemos dar muchas definiciones según sea el enfoque de la atención. Sin embargo, desde el punto de vista de la evolución de la conciencia, diremos que Inteligencia es aquello que nos mantiene mayormente consciente. Esto nos lleva a definir la conciencia como un sistema complejo regulado por principios.

¿Qué es la meditación? Es un proceso de autonomía. Ahora se nos da una nueva oportunidad y visión de las formas de meditar (ser conscientes) para llegar al proceso de autonomía.

¿Qué es un maestro? hace que el sujeto comienza a percibir y sentir que posee en su interior potencialidades manifestadas exteriormente a través de su comportamiento individual y social. Se dice que un maestro debiera tener las cualidades de investigador, orientador y líder. Esto pareciera entonces, que fuera un poco inalcanzable para la mayoría. Sin embargo, el ser maestro no significa necesariamente poseer un extenso currículum, o pertenecer a una institución prestigiosa, o un grupo social específico, o que preste atención sólo a su intelectualidad, o mantener subordinados en situaciones estáticas o pasivas. La maestría se refleja más bien en una actitud integral del maestro.

¿Qué es la vida? Es el desarrollo de la conciencia del ser.

Proceso de conciencia y relación con sujeto, objeto y estructuras

Del texto de Manuel Gil Antón:

"El conocimiento se constituye, a su juicio, como un proceso de relación entre un sujeto, un objeto y un conjunto de estructuras *que siempre intervienen en todas las relaciones de conocimiento."*

De mis obras:

Conocer la conciencia permitiría conocer el proceso (funcionamiento) de la toma de conciencia. A su vez, conocer el proceso de la conciencia nos llevaría a comprender qué es la conciencia. Esto nos permitiría construir realidades alternativas. Desde el punto de vista constructivista la realidad se construye en el proceso de la conciencia. Entonces, modelar el proceso de la conciencia ordinaria permite reproducir la construcción de la realidad.

Sabemos, por experiencia, que la conciencia ordinaria es instantánea la percepción de la realidad y, por lo tanto no creemos que se construye en tan poco tiempo. Sin embargo, en mediciones sensoriales (en niveles de microsegundos) se verifica que existen etapas en el proceso de la conciencia: intención, recuerdo, sincronización y respuesta.

La conciencia ordinaria puede llegar a ser también un estado especial de "conciencia no ordinaria", pues cumple los requisitos de la percepción compleja, donde gran parte del proceso de la conciencia, paradójicamente, es efectuada en forma inconsciente que incide en la percepción, memoria, juicio racional, etc.

El término de la visión cartesiana de separación del sujeto y objeto que ha tenido repercusiones en todas las actividades como son la educación, salud, trabajo, comunicaciones y de la propia ciencia.

El proceso que experimenta el sujeto es, de todas formas, y así lo siente él, como de una vivencia autodirigida, pues él controla permanentemente y en gran medida todo el proceso.

Los niveles de conciencia específicos se definen por la relación de los actores del proceso de cambio: Maestro, Intención, Objeto y Sujeto. Según sea el tipo de relación que se dé entre estos elementos, será el nivel de conciencia del individuo (sujeto). Así por ejemplo, en la educación tradicional, existe una frontera entre el Maestro y el sujeto, asumiendo este último el carácter de objeto. Si la frontera es con el objeto, el Maestro y sujeto asumen el carácter de sujeto, pues no hay fronteras entre ellos mismos. Si no existen fronteras entre los actores del cambio, se forma una comunidad. Si desaparece el Maestro, se trasciende la relación sujeto-objeto mediante el observador-participante del cambio. Si existe una desidentificación cósmica de sí mismo, sólo se observa serenamente el cambio. Es importante el papel que juegan los factores relacionales y los actores del proceso de cambio en los diversos campos y actividades del ser humano (Salud, Educación, Trabajo, etc.). El factor relacional juega un rol importante en el desarrollo del proceso de la meditación guiada con música desarrollado en este libro. El sujeto experimenta un cambio de los vínculos entre los actores del proceso de la meditación. Primero, al iniciarse la meditación, existe una marcada frontera entre el maestro (guía), la intención (objetivo de la meditación), el objeto de fijación de atención (música) y el sujeto (participante). El maestro comienza verbalmente a describir la intencíónalidad de la meditación, sintiéndose el sujeto separado de él. A continuación, al iniciarse la grabación, desaparece el maestro quedando solo sus instrucciones de la intencionalidad de la meditación. Luego al comenzar la música (objeto de concentración) el sujeto comienza paulatinamente a "olvidar" o dejar de pensar, primero en el maestro, después en la intención y por último en la música, quedando en una situación relajada de observador-participante, en que se funde el objeto con el sujeto, lográndose así la intencionalidad buscada.

A medida que evolucionamos en los estados de conciencia, el maestro comienza a disolverse y desaparecer cuando el sujeto asume la responsabilidad y obtiene los recursos desde su propio maestro interior. Las fronteras entre los actores del cambio existente al principio en los niveles de conciencia inferior, desaparecen en la unicidad del Ser, cuando el sujeto se funde en la relación sujeto-objeto.

En el estado meditativo llega un momento en que se produce un efecto de unión sujeto-objeto y ya no existe conciencia de atención sensorial sino que se presenta una situación de "conciencia de la conciencia" o "conciencia del sí mismo". Todo esto nos lleva a concluir que si bien se utiliza la atención como un medio de lograr el estado meditativo, se intenta alcanzar un estado de des-atención sensorial que permita obtener la ansiada liberación de la conciencia.

Sabemos que la conciencia puede considerarse como un sistema abierto (por interacción con el medio) y esta es una particularidad de las estructuras disipativas. También está permanentemente expuesta a fluctuaciones, por los "quiebres" o crisis, que debe consumir (disipar) para mantener la coherencia y equilibrio del sistema. Entonces, diseñar un modelo de estructura disipativa con participación de las etapas del proceso de un instante de conciencia, permitiría reproducir la conciencia ordinaria de la realidad.

Centraremos nuestra discusión en la visión misma del modelo de la conciencia y meditación, como estructuras disipativas con el uso simultáneo del lenguaje verbal y no verbal en el proceso. Esto nos llevará a adentrarnos en los estados y estructuras de la conciencia, como elementos de una ciencia de la mente.

Los sistemas abiertos tienen la propiedad de alejarse del equilibrio y esto les permite la probabilidad de evolucionar hacia nuevos cambios de estructuras. Cuando estamos frente a un sistema abierto se forma una estructura disipativa, que en su desorden inicial en que se encuentra el sistema, se logra llegar a un orden superior si se mantiene al sistema lejos del equilibrio.

Un "espacio de la conciencia" que comprende transitoriamente un sistema cerrado o autónomo que participa de un proceso de autogénesis (autopoiesis) que se produce a sí mismo hasta que se genera un sistema abierto por interacción con el medio que permite la creación de nuevas estructuras.

Existen fenómenos en la Naturaleza que no se comprimen a niveles inferiores, sino que se expanden hacia un orden superior. Esto se da sólo en los sistemas abiertos. En estos sistemas se requiere energía para conservar la estructura, de ahí el término disipación (consumo) de energía. A medida que la estructura del sistema es más compleja, es más inestable pues necesita mayor energía para conservar el equilibrio. Las fluctuaciones de energía menores no afectan su estructura. Pero si estas aumentan, entonces la estructura original no puede sostener estos cambios y por lo tanto debe buscar un nuevo equilibrio en un nivel superior más complejo y que a su vez requerirá de mayor energía, haciendo más inestable el sistema. El estrés, las crisis, los cambios violentos, las paradojas, son estructuras disipativas y oportunidades que pueden originar un salto a otro orden superior. No aventurarse a la posibilidad de un cambio puede darnos mucha seguridad en el nivel que estamos, pero si bien es un riesgo enfrentarse al cambio, si no lo hacemos, perdemos una gran oportunidad de trascender a otros niveles de orden superior. El cerebro es una estructura disipativa. Su complejidad altísima se verifica en el consumo de energía. Pesando un 2% del cuerpo consume el 20% de oxígeno. Las sociedades y grupos de encuentro también son estructuras disipativas. Otro papel importante que juegan las estructuras disipativas, es el efecto Fractal, repetición de una estructura had-infinitum, donde una alteración en una fracción del sistema, puede desencadenar un cambio en la totalidad de él, por efecto de las fluctuaciones e inestabilidad del sistema.

Por otra parte, si los recuerdos, que son estructuras disipativas se presentan en un estado alterado de conciencia, con ayuda de las psicotécnicas, las ondas cerebrales de mayor amplitud producidas en este estado, provocan fluctuaciones que no pueden absorverse por todo el sistema, lo que produce inestabilidad en la estructura básica, la cual debe cambiar a un orden superior, para establecerse en un nuevo nivel de equilibrio de mayor complejidad.

Los sistemas complejos (o estructuras disipativas) se dan en los sistemas abiertos o vivientes que están lejanos del equilibrio que se ven afectados por el medio. Son impredecibles e indeterminados cuyo comportamientos es de múltiples soluciones (no lineal), espontáneo y acausal.

Para comprender cómo actúan los sistemas complejos en los grandes grupos, observemos qué nos enseña la naturaleza en tales casos. Tenemos grupos formados por cardúmenes de peces, manadas de animales, bandadas de pájaros. Todos ellos se autoorganizan formando un solo organismo. En estos "organismos" se obtiene un proceso que actúa eficiente e inteligentemente frente a interacciones con el medio, como por ejemplo, una bandada de aves que es atacada por un ave de rapiña que no logra capturar alguna presa que permanezca conformando el "organismo". Para entender cómo se coordinan cada uno de los peces con todo el "organismo" hagamos uso de los conceptos de las estructuras disipativas, de los procesos autopoiésicos, del pensamiento complejo o de la matemática no lineal.

Los actores

Del texto de Manuel Gil Antón:

"como creía Kant, *el sujeto interviene de manera activa en el conocimiento y en* la organización *de los objetos."*

De mis obras:

Actor del Proceso[15]. Es la participación consciente (Testigo) voluntaria y autónoma en el proceso mental requerido para generar los efectos emergentes.

---

[15] Según F. Varela, le corresponde al "experimentador estar presente en la relación con el objeto experimentado", desde el primer momento, en el "impulso básico para actuar hacia el objeto discernido", hasta las percepciones y sentimientos que emerjan de la experiencia".

Somos creadores de nuestra experiencia a través de "Ver" y Hacer" la realidad. Es decir, somos observadores-participantes del cambio. Es lo que hoy se comienza a conocer como proceso de enacción (F. Varela).

Si nos encontramos en conciencia sensorial (ordinaria), podemos prestar el foco de atención en un momento a sentir la conciencia en nuestro cuerpo, o a nuestra ubicación espacial y temporal, tomando esta experiencia como real en este campo. En espacios cuánticos (complejos), podemos prestar atención al cambio de identidad o trascendencia del espacio y del tiempo y también considerarla real en este otro campo transpersonal. En ambos casos es una experiencia virtual de observador-participante.

La meditación podríamos definirla como "estar en medio de la acción". Es decir, ser observante y participante a la vez. El observador se transforma en el objeto observado. Se extingue la distinción entre objeto y sujeto. Uno se transforma en el objeto observado. Así, por último, podemos decir que meditación es el "proceso de transformación del sujeto en objeto". Este fenómeno puede verse claramente en los estados meditativos de transformación de identidad y viajes a otros tiempos.

El movimiento (auto-organización-recursividad) de la conciencia

Del texto de Manuel Gil Antón:

"Si se acepta que la ciencia es un proceso siempre abierto, en constante evolución, (...), puesto que la constitución de los conocimientos válidos no termina nunca: siempre se encuentra en condiciones posibles de pasaje a nuevos estados."

De mis obras:

El Modelo complejo es un proceso autónomo porque en el fondo la persona lo vive en su propia mente, en su oculta caverna. La persona en el fondo, cuando está en ese estado empieza, tal como decía Maturana sobre la autopoiesis, se autoorganiza a sí mismo y es un proceso recursivo que se va retroalimentando y se produce una historia.

Estructura del Proceso[16]. Comprende el elemento físico (cuerpo-cerebro) donde se produce el proceso de la experiencia consciente. Contempla el cuerpo, como estructura disipativa y cuerpo como estructura autopoiésica.

Necesitamos también de un proceso autónomo que debemos efectuar mediante una combinación de elementos simples para generar así un sistema autopoiésico, de estructura disipativa[17].

Hoy podemos decir, que conocer un ámbito de un tema, cualquiera sea este, estamos centrándonos en un "espacio de la conciencia" que comprende transitoriamente un sistema cerrado o autónomo que participa de un proceso de autogénesis (autopoiesis) que se produce a sí mismo hasta que se genera un sistema abierto por interacción con el medio que permite la creación de nuevas estructuras.

El proceso que contribuye a mantener este "desequilibrio" es el resultado de una auto-organización interna del sistema, que se mantiene en forma permanentemente recursiva. Para ello es necesario que el producto generado en el proceso forme parte de la producción, que a su vez genera un producto continuo y permanente como producción-producto-producción…

Un sistema abierto, predispuesto a un acoplamiento estructural con elementos internos y del medio, genera un sistema que opera y funciona en forma recursiva y autónoma.

Autopoiesis. Organización de los sistemas vivos en un proceso que genera nuevas estructuras del sistema por interacción de elementos simples, que produce cambios y transformaciones espontáneas de estructura del sistema nervioso que generan y regeneran un sistema en la circularidad del proceso recursivo de la historia personal reconstruida.

---

[16] F. Varela, plantea que el sustrato de la experiencia "abarca el cuerpo como estructura experiencial vivida y el cuerpo como el contexto o ámbito de los mecanismos cognitivos".

[17] Esto de que la experiencia consciente emerja de procesos neurológicos efectuados en la materia cerebral se puede ilustrar con el ejemplo (F. Capra) siguiente, sobre la estructura y propiedades del azúcar. Al unir de cierta forma átomos de carbono, oxígeno e hidrógeno para formar azúcar, el compuesto resultante tiene sabor dulce, que ninguno de sus componentes lo tiene, pero emerge de la interacción de ellos. Más aún, el sabor dulce surge como sensación al interactuar con las papilas gustativas. Es decir, es una propiedad emergente de la actividad neural corporizada.

Las etapas del proceso de la conciencia

Del texto de Manuel Gil Antón:

"Si en la concepción de Piaget el conocimiento es un proceso, el estudio de sus etapas –la génesis- se vuelve algo crucial y, como no hay un punto de partida absoluto, es posible su estudio desde el momento en que el sujeto humano nace."

De mis obras:

Las etapas del proceso autonómico, presentado en este libro, desarrolla un modelo de una visión holográfica del cerebro, que comprende la integración del funcionamiento coordinado y simultáneo del hemisferio izquierdo y derecho del cerebro. El libro "El universo en un instante de conciencia" contiene las etapas conscientes del proceso de percepción.

Con el avance de la tecnología en la medición de las etapas del proceso de un instante de conciencia (F. Varela) se comprendió que el modelo de percepción no ordinaria (en meditación) no era más que una réplica de las etapas de lo que ocurre en un instante de conciencia.

La experiencia consciente puede ser investigada. Esta experiencia debe abordarse en una situación normal y ordinaria. En esta circunstancia inicial nos damos cuenta que debe existir elementos ocultos a nuestra conciencia ordinaria durante el desarrollo de una experiencia consciente, cualquiera sea ella. Lo que está presente a nuestra conciencia es una minúscula parte respecto de lo que acontece en forma "invisible". Sabemos lo que vemos y hacemos en una experiencia consciente tan solo de una parte mínima del proceso total. Debemos investigar la naturaleza oculta del resto del proceso de la experiencia consciente. En este punto, se puede partir de las investigaciones realizadas por Francisco Varela, de la existencia de etapas en un instante de la experiencia, que definen los módulos de participación del proceso (intención, reconocimiento, sincronización, respuesta). Las experiencias subjetivas en primera persona efectuadas en meditación disipativa (modelo Cread 90) permite replicar el modelo de cuatro etapas, dejando así expuestas, como testigo, el total del proceso de la experiencia consciente.

Si consideramos, a la luz de la investigación de un instante de conciencia (Varela), que la percepción de una realidad constituye un proceso y contiene etapas, a pesar que lo sentimos y creemos instantáneo, y si logramos reproducir o modelar ese proceso, se podría construir una realidad alternativa.

Entonces, diseñar un modelo de estructura disipativa con participación de las etapas del proceso de un instante de conciencia, permitiría reproducir la conciencia ordinaria de la realidad.

De acuerdo a las últimas investigaciones, sucede un proceso en cuatro etapas. Por ejemplo, para tomar un lápiz para escribir. Primero enfocamos la atención a una intención de escribir; luego, reconocemos (recordamos o imaginamos) la forma de un lápiz; enseguida, sincronizamos nuestra mente-cuerpo para tomar el lápiz; por último, respondemos tomando el lápiz y termina ese instante de conciencia para comenzar otro, como es el escribir, olvidando el anterior. Así, ocurren infinidad de instantes de conciencia, que se van coordinando en una historia personal. Durante el proceso de la toma de conciencia ordinaria permanecen ocultas las etapas de reconocimiento y sincronización mente-cuerpo. De lo único que somos conscientes, son la intención y respuesta inmediata. Si nuestras intenciones no se transforman en una respuesta coherente con aquellas, surge un problema entre las etapas de reconocimiento y sincronización mente-cuerpo, lo que puede traducirse en una disfuncionalidad del sistema.

El modelo de Meditación Disipativa (MD) contempla las etapas señaladas (intención, imaginación, sincronización, respuesta) en donde se fabrica una realidad en la continuidad del proceso autonómico. Desde este punto de vista, el modelo se aproxima a la percepción de la realidad ordinaria. En el límite, ambas realidades se confunden.

Sabemos, por experiencia, que en la conciencia ordinaria es instantánea la percepción de la realidad, y, por lo tanto, no creemos que se construya en tan poco tiempo. Sin embargo, en mediciones sensoriales (en niveles de microsegundos) se verifica que existen etapas en el proceso de la conciencia: intención, recuerdo, sincronización y respuesta. La MD utiliza estas etapas en la construcción de realidades subjetivas.

Sabemos, que en la percepción de una realidad ordinaria ocurren en un solo instante (milésimas de segundo) etapas bien diferenciadas de forma inconsciente. Primero existe una intención (consciente u oculta) de percibir una realidad. Segundo, expectantes imaginamos, intuimos o sabemos (recordamos) la configuración de esa realidad buscada. Tercero, sincronizamos la intención e imagen configurada de modo de auto-organizar nuestro cuerpo-mente para efectuar una respuesta.

El equilibrio de la conciencia

Del texto de Manuel Gil Antón:

"Los conocimientos no proceden ni de la sola experiencia de los objetos, ni de una programación innata preformada en el sujeto, sino de un proceso de construcción sucesiva de estructuras, en una alternancia de desestructuraciones y reestructuraciones. Piaget introduce el término "equilibración" para referirse a los períodos de relativa estabilidad de las estructuras, que corresponden a un equilibrio dinámico."

De mis obras:

Sabemos que la conciencia puede considerarse como un sistema abierto (por interacción con el medio) y esta es una particularidad de las estructuras disipativas. También está permanentemente expuesta a fluctuaciones, por los "quiebres" o crisis, que debe consumir (disipar) para mantener la coherencia y equilibrio del sistema. Entonces, diseñar un modelo de estructura disipativa con participación de las etapas del proceso de un instante de conciencia, permitiría reproducir la conciencia ordinaria de la realidad.

El segundo principio de la termodinámica señala que en los sistemas aislados o cerrados los sistemas tienden al equilibrio o entropía máxima. Sin embargo, sabemos que la evolución va en sentido contrario a este principio. Los sistemas abiertos tienen la propiedad de alejarse del equilibrio y esto les permite la probabilidad de evolucionar hacia nuevos cambios de estructuras. Cuando estamos frente a un sistema abierto se forma una estructura disipativa, que en su desorden inicial en que se encuentra el sistema, se logra llegar a un orden superior si se mantiene al sistema lejos del equilibrio. El proceso que contribuye a mantener este "desequilibrio" es el resultado de una auto-organización interna del sistema, que se mantiene en forma permanentemente recursiva.

En "La Trama de la Vida" de Fritjof Capra, el físico Herman Haken sostenía, a principio de los años sesenta, que los láseres transformaban la luz normal de una lámpara en luz coherente. Este proceso, señalaba, era una autoorganización que emerge en un proceso originado en un sistema abierto, lejos del equilibrio o estructura disipativa como les llama Prigogine. El bombeo del exterior, de luz normal, sostiene al sistema lejos del equilibrio y al generarse la luz láser se mantiene por el proceso de autoorganización la emisión continua de luz coherente. Entonces, "el láser se ha convertido en una importante herramienta para el estudio de la autoorganización".

Sistemas Abiertos. Los sistemas complejos (o estructuras disipativas) se dan en los sistemas abiertos o vivientes que están lejanos del equilibrio que se ven afectados por el medio. Son impredecibles e indeterminados cuyo comportamientos es de múltiples soluciones (no lineal), espontáneo y acausal.

Sistemas Cerrados. Estos sistemas no están influenciados por el entorno y por lo tanto tienden a equilibrio o entropía. Son predecibles y determinados por un comportamiento lineal, paso a paso, paulatino y causal.

Conclusión

Para encontrarnos frente a un estudio científico de lo complejo, debemos estar en primera opción frente a un sistema, es decir, un conjunto asociado de elementos diversos que forman un conglomerado de elementos con características y particularidades de estructura y de funcionamientos específicos y globales. Tenemos así, un sistema planetario, sistema muscular, sistema motor, sistema neurológico, etc.

De inmediato nos asalta la pregunta de qué tipo es el sistema que estamos tratando. Entonces podemos diferenciar sistemas cerrados y sistemas abiertos. El segundo principio de la termodinámica señala que en los sistemas aislados o cerrados los sistemas tienden al equilibrio o entropía máxima. Sin embargo, sabemos que la evolución va en sentido contrario a este principio. Los sistemas abiertos tienen la propiedad de alejarse del equilibrio y esto les permite la probabilidad de evolucionar hacia nuevos cambios de estructuras. Cuando estamos frente a un sistema abierto se forma una estructura disipativa, que en su desorden inicial en que se encuentra el sistema, se logra llegar a un orden superior si se mantiene al sistema lejos del equilibrio. El proceso que contribuye a mantener este "desequilibrio" es el resultado de una auto-organización interna del sistema, que se mantiene en forma permanentemente recursiva. Para ello es necesario que el producto generado en el proceso forme parte de la producción, que a su vez genera un producto continuo y permanente como producción-producto-producción…

La característica fundamental de los sistemas complejos es que por medio de la conexión de múltiples elementos simples o módulos con la consiguiente interacción de algunos de ellos (propiedad dialógica) se logra producir la emergencia de un sistema global que encierra el concepto de la propiedad hologramática, es decir, el todo está en la parte y la parte está en el todo.

Dada la particularidad de los sistemas complejos, de ser altamente indeterminados sus resultados, se hace necesario, para reducir esta incertidumbre, establecer una estrategia que aminore en alguna medida el azar y para ello establecemos modelos (atractores) que mantienen relativamente dentro de un margen de probabilidad los resultados esperados, por la intencionalidad inicial buscada.

Bibliografía

Hernández, G. & Rodríguez L.M. (2003). Filosofía de la experiencia y ciencia experimental. México: Fondo de Cultura Económica.

Peña, O. (2004). El Universo en un instante de conciencia. Stgo. de Chile: Lom Ediciones Ltda.

- (2006). Cambio de sentido. Santiago de Chile: Mago Editores.
- (2008). Para salvar la Tierra. Santiago de Chile: Mago Editores.

(IV) La epistemología constructivista de Piaget (2ª parte)

Introducción

Continuando con la última parte de este trabajo, decíamos al final de la introducción de la primera parte, que, "desde el punto de vista de la epistemología constructivista, que se deriva de la visión de Piaget[18] haremos un símil de su postura con el modelo del proceso autonómico Cread 90, pues ambas visiones comparten muchos de los elementos que estructuran el proceso de conocimiento de la realidad."

Entonces, continuaremos la semejanza y se hará, ahora, en base a los planteamientos expuestos por G. Hernández y L.M. Rodríguez en su texto del capítulo *Observación y* acción *en el conocimiento científico*[19] que a mi parecer, también son elementales dentro del tema cognitivo.

La relación del sujeto-objeto de conocimiento

Del texto de G. Hernández y L.M. Rodríguez:

"Desde nuestro punto de vista, es Piaget quien tiene el mérito de salir del circuito sujeto-sentidos-objeto, donde la relación que se denota por "sentidos" puede ir en una dirección u otra, y aun en ambas direcciones."

De mis obras:

Suele suceder, que muchos de nosotros vivimos en forma mecánica, y donde pensamos, que nuestra mente no puede afectar a nuestro cuerpo y por consiguiente a nuestra salud. A pesar de lo que creemos, cada vez se ve que existe una mayor relación entre el cuerpo y la mente, siendo difícil aceptar esta unidad básica de nuestro organismo.

---

[18] Epistemología genética.

[19] Filosofía de la experiencia y ciencia experimental de coordinadores G. Hernández y L.M. Rodríguez.

Por otra parte, fuera de la fragmentación del cuerpo y la mente, dentro de la propia mente hacemos la distinción entre consciente e inconsciente y sin embargo experimentamos la vida como si tuviera importancia sólo lo consciente.

Con los descubrimientos del inconsciente, de los últimos adelantos en el campo de la investigación de la conciencia y de la tecnología de estados alterados de conciencia, hoy por hoy estamos conociendo la gran importancia de comprender y experimentar el mundo más allá de nuestra conciencia ordinaria, y de lo triste que ha sido el haber relegado este ámbito del conocimiento disponible por derecho natural en cada individuo

La historia del hombre ha sido, hasta el momento, una creación continua de fronteras entre él y la naturaleza y todo lo que la comprende, lo que en última instancia han afectado a su propia vida en su relación con los demás y consigo mismo, en todos los ámbitos del saber y quehacer humanos.

El hombre al efectuar actividades, de cualquier índole, necesita comprender el medio en que se producen tales actos, de modo de establecer una relación objetiva-subjetiva de sus percepciones, pensamientos y acciones en este sistema cerrado.

La construcción del conocimiento

Del texto de G. Hernández y L.M. Rodríguez:

"ni los objetos ni los sujetos están dados, sino que ambos se construyen. El problema se centra así en el proceso de construcción."

De mis obras:

Hemos podido comprobar que si cambiamos nuestras creencias podemos percibir otra realidad. La nueva creencia es otro enfoque del mismo fenómeno u otra visión, desde otro punto de vista. Así, por ejemplo, la forma de percibir la realidad como una imagen holográfica de construcción de la imagen de un "objeto mental interno", cuyo reflejo en la realidad externa se fabrica por el intérprete cerebral que traduce finalmente la recepción como un objeto "externo" a él.

Conocer la conciencia permitiría conocer el proceso (funcionamiento) de la toma de conciencia. A su vez, conocer el proceso de la conciencia nos llevaría a comprender qué es la conciencia. Esto nos permitiría construir realidades alternativas. Desde el punto de vista constructivista la realidad se construye en el proceso de la conciencia. Entonces, modelar el proceso de la conciencia ordinaria permite reproducir la construcción de la realidad.

Sabemos, por experiencia, que en la conciencia ordinaria es instantánea la percepción de la realidad y, por lo tanto no creemos que se construye en tan poco tiempo. Sin embargo, en mediciones sensoriales (en niveles de microsegundos) se verifica que existen etapas en el proceso de la conciencia: intención, recuerdo, sincronización y respuesta. La MD utiliza estas etapas en la construcción de realidades subjetivas.

El modelo de meditación disipativa Cread 90, planteado en "Espacios de la mente", es una buena alternativa a la investigación del rol de la conciencia en la construcción de la realidad (enacción). Una primera investigación podría ser averiguar el tiempo de respuesta mínimo de la MD en el margen aproximativo a la conciencia ordinaria.

El modelo constructivista Cread 90 desarrollado en este libro, permite al sujeto experimentar plena y directamente el pensamiento constructivista, pues la realidad investigada o buscada por él y descubierta o desplegada en el proceso, se manifiesta como una construcción inconsciente auto-organizada por el sujeto de acuerdo a su propia experiencia e intencionalidad. Es un modelo utilizado en el proceso de ampliación de conciencia y acceso a estados alterados de conciencia.

La acción en la relación objeto-sujeto

Del texto de G. Hernández y L.M. Rodríguez:

"en el proceso del conocimiento no hay observación pura, así como tampoco es posible que exista la pura observación: hay acción del sujeto sobre el objeto y lo que observamos son nuestras acciones."

De mis obras:

Conciencia significa estar plenamente presente frente a un fenómeno, con todos los sentidos puestos en él. No hay ningún elemento distractor a nuestra atención, fuera del hecho que tenemos en mente. Normalmente el individuo vive en un estado semi-dormido, inconsciente, pasivo. Cuando experimenta la conciencia participativa (del presente) es como un despertar y este solo hecho implica una transformación positiva en su vida. De ahí, que estar presente en la vida, no es más que estar consciente de ser y vivir en acción.

Como señala Edgar Morín, "El desafío de la complejidad es el de pensar complejamente, como metodología de acción cotidiana, cuales quiera sea el campo en el que desempeñemos nuestro quehacer".

Se sabe de la neuroplasticidad por estudios con ciegos que comprobaron que el cerebro se organiza de forma maleable y adaptable a los cambios de percepción y acción. Alvaro Pascual-Leone y otros investigadores, en los 90, descubrieron que la estimulación sensorial activa otras regiones del cerebro, a los que se creía especializados solo para ciertos estímulos de los sentidos. Demostraron la capacidad del cerebro de "ver" con estímulos de los dedos y oídos, postulando que "las conexiones desde estos sentidos hasta la corteza visual ya estén allí, pero que no se usan mientras los ojos hagan su trabajo. Cuando los ojos se cierran entra en acción el mejor método que queda para obtener la misma información".

La realidad virtual, es la sensación que se produce de estar inmerso en un ambiente que tiene todas las características de producir sensaciones corporales (visual, táctil, sonora, etc.) que dan la sensación de ser observador-participante de la acción representada en nuestra conciencia.

La intención y reconocimiento en la realidad

Del texto de G. Hernández y L.M. Rodríguez:

"una nueva estructura se superpone a estas adaptaciones adquiridas a partir de la cual el sujeto comienza a actuar en forma intencional sobre la realidad."

"Llegamos así a lo que Piaget llama "asimilación reconocedora", en la que el niño, en presencia de un objeto o acontecimiento familiar, pero no previsto por su repentina aparición, tiene por necesidad que adaptarse a dicho imprevisto; sin embargo, se trata sólo de reconocer y de clasificar un objeto conocido a esquemas existentes."

De mis obras:

¿Qué ocurre en un instante de conciencia? De acuerdo a las últimas investigaciones, sucede un proceso en cuatro etapas. Por ejemplo, para tomar un lápiz para escribir. Primero enfocamos la atención a una intención de escribir; luego, reconocemos (recordamos o imaginamos) la forma de un lápiz; enseguida, sincronizamos nuestra mente-cuerpo para tomar el lápiz; por último, respondemos tomando el lápiz y termina ese instante de conciencia para comenzar otro, como es el escribir, olvidando el anterior. Así, ocurren infinidad de instantes de conciencia, que se van coordinando en una historia personal. Durante el proceso de la toma de conciencia ordinaria permanecen ocultas las etapas de reconocimiento y sincronización mente-cuerpo. De lo único que somos conscientes, son la intención y respuesta inmediata. Si nuestras intenciones no se transforman en una respuesta coherente con aquellas, surge un problema entre las etapas de reconocimiento y sincronización mente-cuerpo, lo que puede traducirse en una disfuncionalidad del sistema. Es como no dejar que fluya la energía.

El modelamiento de esta forma de percibir un instante de conciencia, nos permite crear una historia de una realidad alternativa. El modelo de Meditación Disipativa (MD) contempla las etapas señaladas (intención, reconocimiento, sincronización, respuesta) en donde se fabrica una realidad en la continuidad del proceso autonómico. Desde este punto de vista, el modelo se aproxima a la percepción de la realidad ordinaria. En el límite, ambas realidades se confunden.

Sabemos, por experiencia, que en la conciencia ordinaria es instantánea la percepción de la realidad y por lo tanto no creemos que se construye en tan poco tiempo. Sin embargo, en mediciones sensoriales (en niveles de microsegundos) se verifica que existen etapas en el proceso de la conciencia: intención, recuerdo, sincronización y respuesta. La MD utiliza estas etapas en la construcción de realidades subjetivas.

Para obtener un buen resultado en la aplicación del método de MD, es necesario de MD, es necesario antes de iniciar el proceso, dejar bien en claro la intencionalidad de la meditación (conciencia). De ahí que, se hace reiteradas veces una descripción inicial de los alcances de la meditación (conciencia) a desarrollar durante el proceso del trance.

Sabemos, que en la percepción de una realidad ordinaria ocurren en un solo instante (milésimas de segundo) etapas bien diferenciadas de forma inconsciente. Primero existe una intención (consciente u oculta) de percibir una realidad. Segundo, expectantes imaginamos, intuimos o sabemos (recordamos) la configuración de esa realidad buscada. Tercero, sincronizamos la intención e imagen configurada de modo de auto-organizar nuestro cuerpo-mente para efectuar una respuesta. Por último, aparece la respuesta cuerpo-mente como una realidad buscada (percibida).

El acceso a la memoria holográfica se facilita en cada instante de conciencia con la transformación de la intención en una imagen visualizada, que genera un patrón de búsqueda en la etapa de sincronización de las neuronas cerebrales (con la ayuda de la música), generando la estimulación neurológica que produce una corriente energética coherente y sincronizada en que se despliega la percepción virtual de la realidad buscada.

Existen tres formas de "viajar a la derecha" cerebral: primero, hablar el lenguaje adecuado a ese ambiente; segundo, bloquear el lenguaje del otro ambiente (HI) y tercero, obedecer o seguir una orden o prescripción. Esto es lo que se intenta conseguir con los procedimientos de las meditaciones y relajaciones. Primero se fija una intención (meta), seguido de una visualización y terminando con un bloqueo y sobrecarga del hemisferio izquierdo (música rítmica).

El modelo que se plantea acá, es modelar la realidad habitual. Esa realidad que está escondida acá se despliega a través de una intención; después viene la memoria, "visualice usted una imagen que represente esa memoria". La tercera etapa, coordina el sonido con la imagen y la cuarta etapa aparece el fenómeno holográfico. En el fondo, lo que se hizo acá, es modelar la realidad habitual en que siempre se ven dos etapas, la primera y la última y en que no veo lo oculto. Entonces, lo que se hace en el modelo, es desplegar esas etapas a través de combinación de sonido, imagen, posición corporal y otros elementos…

Dada la particularidad de los sistemas complejos, de ser altamente indeterminados sus resultados, se hace necesario, para reducir esta incertidumbre, establecer una estrategia que aminore en alguna medida el azar y para ello establecemos modelos (atractores) que mantienen relativamente dentro de un margen de probabilidad los resultados esperados, por la intencionalidad inicial buscada.

Debemos investigar la naturaleza oculta del resto del proceso de la experiencia consciente. En este punto, se puede partir de las investigaciones realizadas por Francisco Varela, de la existencia de etapas en un instante de la experiencia, que definen los módulos de participación del proceso (intención, reconocimiento, sincronización, respuesta). Las experiencias subjetivas en primera persona efectuadas en meditación disipativa (modelo Cread 90) permite replicar el modelo de cuatro etapas, dejando así expuestas, como testigo, el total del proceso de la experiencia consciente.

El acceso a la memoria holográfica se facilita en cada instante de conciencia con la transformación de la intención en una imagen visualizada, que genera un patrón de búsqueda en la etapa de sincronización de las neuronas cerebrales (con ayuda de la música), generando la estimulación neurológica que produce una corriente energética coherente y sincronizada en que se despliega la percepción virtual de la realidad buscada."

Intención. Corresponde a la fijación de un objetivo general que puede ser expresado de forma abstracta (verbal). Es la primera etapa del proceso autonómico. Debe quedar bien clara la definición de la intención para poder avanzar a la siguiente etapa.

Reconocimiento. Emerge cuando en otra instancia se vuelve a conectar o acoplar el objeto material o mental con el sentido que estaba interactuando simultáneamente en el sistema.

La producción de la experiencia consciente, en el proceso autonómico de meditación disipativa, participa de los agentes del cambio (conciencia, referencia, estructura, actor y desidentificación) conjuntamente con los elementos de interacción (intención, objeto de reconocimiento y sentido) que contribuyen a producir la emergencia (reconocimiento y sensación) que produce una acción consciente generándose una historia de experiencias de experiencias de forma recursiva permanente.

El modelo constructivista Cread 90 desarrollado en este libro, permite al sujeto experimentar plena y directamente el pensamiento constructivista, pues la realidad investigada o buscada por él y descubierta o desplegada en el proceso, se manifiesta como una construcción inconsciente auto-organizada por el sujeto de acuerdo a su propia experiencia e intencionalidad. Es un modelo utilizado en el proceso de ampliación de conciencia y acceso a estados alterados de conciencia.

El cerebro en el proceso de conocer

Del texto de G. Hernández y L.M. Rodríguez:

"No se trata de un sujeto que consiste en un cerebro y un conjunto de sentidos que lo comunican con el exterior, sino de un sujeto que puede actuar sobre el exterior y puede observar las acciones que efectúa y el resultado de ellas."

De mis obras:

Las etapas del proceso autonómico, presentado en este libro, desarrolla un modelo de una visión holográfica del cerebro, que comprende la integración del funcionamiento coordinado y simultáneo del hemisferio izquierdo y derecho del cerebro.

La primera de las visiones corresponde a una forma de visión fotográfica (o espacio visual) que representa la atención de una imagen (figura) captada por el hemisferio izquierdo del cerebro en los términos de McLuhan, frente a la segunda visión interna y oculta de la percepción del hemisferio derecho (espacio acústico) de desatención (fondo). La simultaneidad de ambos modos de percepción produce el despliegue de un encuentro resonante (visión holográfica) en el límite de intersección de ambas visiones.

Uno de los aspectos que contempla la visión de la dualidad de la conciencia, se refiere a la forma de percibir del cerebro. Se puede primero percibir con los cinco sentidos en conciencia sensorial (ordinaria) y segundo, se puede percibir con la estructura cerebral quántica (u holonómica). Se sabe que el cerebro puede actuar de dos formas para recordar: tener localizado la función de la memoria en un lugar del cerebro o también, tener disperso en todo el cerebro la función de la memoria (como un holograma). De ahí que podemos decir, que somos individuos (con sus sentidos) y también somos seres holoides (con estructura cerebral holonómica). Esto significa que toda la información (recuerdos) del universo se encuentra en nuestro cerebro y que en condiciones especiales (estados alterados) podemos acceder a esta información. Así, toda la información del pasado, presente y futuro está contenida en nuestra estructura cerebral y de hecho nunca estamos desconectados de los demás. Entonces, todos los recursos ya los tenemos y solo debemos buscar una forma para extraerlos de nuestro interior. Esto es lo que persigue la funcionalidad integral de la conciencia a través de la meditación cuántica.

Estructura del Proceso[20]. Comprende el elemento físico (cuerpo-cerebro) donde se produce el proceso de la experiencia consciente. Contempla el cuerpo, como estructura disipativa y cuerpo como estructura autopoiésica. El Testigo contempla los cambios de niveles y de estructura del cuerpo.

La representación mental del mundo por parte del cerebro puede ser independiente, hasta cierto punto, de la vía sensorial por la que llega la

---

[20] El mismo autor, plantea que el sustrato de la experiencia "abarca el cuerpo como estructura experiencial vivida y el cuerpo como el contexto o ámbito de los mecanismos cognitivos".

información, siempre que ésta sea adecuadamente recibida y reconocida por el propio cerebro.

A fines de los 80 se pensaba en el cerebro como un computador. Se sabe de la neuroplasticidad por estudios con ciegos que comprobaron que el cerebro se organiza de forma maleable y adaptable a los cambios de percepción y acción. Alvaro Pascual-Leone y otros investigadores, en los 90, descubrieron que la estimulación sensorial, activa otras regiones del cerebro, a los que se creía especializados solo para ciertos estímulos de los sentidos. Demostraron la capacidad del cerebro de "ver" con estímulos de los dedos y oídos, postulando que "las conexiones desde estos sentidos hasta la corteza visual ya estén allí, pero que no se usan mientras los ojos hagan su trabajo. Cuando los ojos se cierran entra en acción el mejor método que queda para obtener la misma información.

En los *mecanismos de la visión* operan de igual forma los sistemas complejos. Es decir, existe una combinación de pocas señales neurológicas que pasan por la retina y provienen desde el exterior (20%) con la interacción de una gran cantidad de señales (80%) que provienen del interior del cerebro. Entonces, señala F. Varela, "el encuentro de estos dos conjuntos de actividad neuronal es una etapa en la emergencia de una nueva configuración coherente entre la actividad sensorial y la conformación interna de la corteza primaria".

comprendemos que para generar la Energía de conciencia (Ec) además de un medio, que en nuestro caso se trata de nuestro cerebro o masa cerebral (Mc); necesitamos también de un proceso autónomo que debemos efectuar mediante una combinación de elementos simples para generar así un sistema autopoiésico, de estructura disipativa[21]. Los elementos a combinar son las etapas que comprende el proceso de ocurrencia de un instante de conciencia y se despliegan en tres ámbitos. Una intención (i) que inicia el proceso, le sigue la imaginación (visualización) o rememorización (r) que converge en sincronización con sensaciones (s) de sonido o tacto, que debemos repetir en el tiempo.

Históricamente se han buscado infinidad de procedimientos para medir la eficiencia y hacer comparaciones de uno mismo y entre las diversas personas, pero no se ha enfrentado a fondo el sentido de lo que es realmente la eficiencia.

---

[21] Esto de que la experiencia consciente emerja de procesos neurológicos efectuados en la materia cerebral se puede ilustrar con el ejemplo (F. Capra) siguiente, sobre la estructura y propiedades del azúcar. Al unir de cierta forma átomos de carbono, oxígeno e hidrógeno para formar azúcar, el compuesto resultante tiene sabor dulce, que ninguno de sus componentes lo tiene, pero emerge de la interacción de ellos. Más aún, el sabor dulce surge como sensación al interactuar con las papilas gustativas. Es decir, es una propiedad emergente de la actividad neural corporizada.

Utilizar el máximo de las potencialidades del cerebro, sería una definición más precisa de eficiencia.

La observación en el proceso de conocer

Del texto de G. Hernández y L.M. Rodríguez:

"La observación, que desempeña por supuesto un papel fundamental en la construcción del conocimiento, no está relacionada con los sentidos y las sensaciones. Es una observación, como se ha dicho, orientada a los objetos en tanto que han sido objeto de una transformación por parte del sujeto, así como hacia la estructura misma de las acciones que consiguen esas transformaciones."

De mis obras:

Creo que la meditación podríamos definirla como "estar en medio de la acción". Es decir, ser observante y participante a la vez. El observador se transforma en el objeto observado. Se extingue la distinción entre objeto y sujeto. Uno se transforma en el objeto observado. Así, por último, podemos decir que meditación es el "proceso de transformación del sujeto en objeto".

La forma tradicional de percibir la realidad es como una imagen fotográfica de captación ocular de la imagen de un objeto externo, cuyo reflejo de forma invertida en la pared interna del ojo, es "girada" por el intérprete cerebral que traduce finalmente la recepción del objeto "externo". Esta creencia ha permanecido por siglos en nuestra forma de interpretar la realidad. Este modelo de la percepción se ha derivado a todo ámbito de las actividades humanas. Incluso la ciencia usa en su método científico la observación de objetos para considerar la aseveración de sus hipótesis.

Para algunas técnicas, como visualización libre la persona puede experimentar la sensación de una metamorfosis de identidades (aves, animales, peces, vegetales, minerales y energía); en otras técnicas se obtiene la experiencia de trascender el espacio y el tiempo "viajando" en conciencia cuántica a otros lugares y a otras épocas. La persona puede experimentarlo como observador o como observador-participante. En este último caso ella "siente ser" la identidad asumida. Se obtiene conocimiento directo de estas experiencias (lugares, costumbres, comportamiento).

En espacios cuánticos (complejos), podemos prestar atención al cambio de identidad o trascendencia del espacio y del tiempo y también considerarla real en este otro campo transpersonal. En ambos casos es una experiencia virtual de observador-participante.

Así también, la psicología en un nivel macro podemos asociarla a la materia cuando estamos en el campo de la observación de los sentidos (observadores de la materia). A medida que nos sumergimos en los niveles profundos de la realidad de la "materia" de la psiquis, como los recuerdos biográficos, perinatales, transpersonales, arquetípicos y cuánticos (o de la complejidad), vemos que estamos adentrándonos en el campo de la energía, pues los procesos de interacción del sistema neurológico, producido en la relación mente-cuerpo, funciona en el campo de los niveles cuánticos de energía y esto es, ni más ni menos, decir que se está muy cercano al campo de la física. Es un encuentro entre la física y la psicología en un nivel o campo de energía de la conciencia.

Sin embargo, para los fines de esta introducción, diremos que existen dos formas del conocimiento. La diferencia entre ellas, en la práctica no existe, pues se dan o pueden darse integradamente ambas. Una forma se refiere al conocimiento sobre algo como externo a nosotros, en cambio la otra forma es más sutil, pues el sujeto del conocimiento es observador y participante a la vez, y por lo tanto, nos encontramos ahora en el conocimiento de algo, en un sentido de experiencia vivencial más que nada.

Hay que recordar que en la ciencia, se plantea que siendo científico su método, tradicionalmente es adecuado para la observación, el análisis y descripción objetiva de la realidad. Es decir, todo su accionar esta dado en la investigación en tercera persona, dejando de lado, como ruido, la experiencia subjetiva. Sin embargo, tratar de medir objetivamente una experiencia personal, que de hecho es fundamental e íntegramente subjetiva, cae en lo que Ryle denomina error categorial[22].

Percibir es recibir información mediante los órganos de los sentidos. La percepción sin el concurso del pensamiento requiere de una adecuada educación que permita excluir cualquier experiencia sensorial anterior que pudiese incidir en la apreciación objetiva del fenómeno observado, dada la facilidad en la producción de falsas percepciones provocadas por distracciones, prejuicios o emociones.

---

[22] El error categorial, consiste en "representar los hechos de la vida mental como si pertenecieran a una categoría (o clase de categorías), cuando en realidad pertenecen a otro" (Ryle, 1949).

Conclusión

La nueva visión de la realidad, del fin de la representatividad de los objetos, trae consecuencias en las disciplinas o ciencias de la cultura humana. La percepción de las diversas realidades de la naturaleza, dejan de ser explicativas por los "objetos de sus estudios" ya sea a través de la visión cotidiana o experimental de la ciencia. Estos descubrimientos "objetivos" serían más bien una larga historia recursiva de interpretaciones de sus descubridores. Los objetos se formarían en la mente de los descubridores como resultado de la emergencia de coherencia interna, producto de las interacciones de leves estímulos sensoriales con sus memorias, reconocimientos y otras funciones cerebrales. Esta visión del descubridor, se traspasaría al resto de los espectadores que verán la misma objetividad propuesta por su descubridor e incorporada en la mente colectiva de la humanidad. De ahí, entonces, que no es raro que podamos eventualmente acceder al conocimiento y aprendizaje de la "objetividad histórica" de estas ciencias, mediante un proceso subjetivo de "Ver" y "Hacer" la realidad.

Bibliografía

Hernández, G. & Rodríguez L.M. (2003). Filosofía de la experiencia y ciencia experimental. México: Fondo de Cultura Económica.

Peña, O. (2004). El Universo en un instante de conciencia. Stgo. de Chile: Lom Ediciones Ltda.

- (2006). Cambio de sentido. Santiago de Chile: Mago Editores.
- (2008). Para salvar la Tierra. Santiago de Chile: Mago Editores.

(V)   Formas de percepción de la realidad

Introducción

De la observación de las diversas formas en que se puede conocer la realidad, señalaremos que existen al menos cuatro formas de estructurar la observación fenomenológica[23]:

- 1. Ver desde el exterior hacia el interior (observación pura)
- 2. Ver desde el interior hacia el exterior (observación cargada de teoría)
- 3. Ver encuentro del exterior con el interior (observación por interacción sujeto-objeto)
- 4. Ver nuestras acciones sobre el exterior y resultado de ellas (no hay observación de objeto)

Estas clases de observación se asimilan a las formas de percepción siguientes:

- 1. Percepción cognitivista (empirista)
- 2. Percepción racionalista
- 3. Percepción conexionista
- 4. Percepción enactiva

En mi libro, *El* universo *en un instante de conciencia*, presentaba dos formas de percepción de la realidad:

La primera de las visiones corresponde a una forma de visión fotográfica (o espacio visual) que representa la atención de una imagen (figura) captada por el hemisferio izquierdo del cerebro en los términos de McLuhan, frente a la segunda visión interna y oculta de la percepción del hemisferio derecho (espacio acústico) de desatención (fondo). La simultaneidad de ambos modos de percepción produce el despliegue de un encuentro resonante (visión holográfica) en el límite de intersección de ambas visiones.

Frente a un mayor análisis, de estas dos formas de percepción de la realidad, podemos verificar que reflejan estar en posiciones extremas.

---

[23] Una exposición de estas visiones de la realidad se encuentra en el capítulo Observación y acción en el conocimiento científico de los autores G. Hernández y L. M. Rodríguez, de la obra Filosofía de la experiencia y ciencia experimental.

Percepción cognitivista (empirista)

La primera visión, fotográfica, se sostiene considerando que la realidad objetiva se encuentra presente independiente del sujeto observador. La segunda forma, holográfica, de percepción de la realidad, se basa en la construcción de la realidad mediante la acción de la interrelación del objeto y sujeto.

Antes de ver las dos visiones intermedias, entre las visiones fotográfica y holográfica, ya señaladas, veremos los alcances de estas dos últimas.

Normalmente, la vida y la realidad pareciera que se nos da, o refleja, como externa a nosotros, y de la cual no somos responsables ni autónomos para manejarla a nuestro arbitrio. Sin embargo, esta forma de presentarse el mundo de la realidad no es más que un modelo aceptado por nuestras creencias. La forma tradicional de percibir la realidad es como una imagen fotográfica de captación ocular de la imagen de un objeto externo, cuyo reflejo de forma invertida en la pared interna del ojo, es "girada" por el intérprete cerebral que traduce finalmente la recepción del objeto "externo". Esta creencia ha permanecido por siglos en nuestra forma de interpretar la realidad. Este modelo de la percepción se ha derivado a todo ámbito de las actividades humanas. Incluso la ciencia usa en su método científico la observación de objetos para considerar la aseveración de sus hipótesis.

Habitualmente consideramos que nuestra percepción de la realidad está referida a la operación y funcionamiento normal de nuestros sentidos. Así, tenemos que la realidad se nos presenta sólo como un objeto de percepción (visual, auditivo, olfativo, gustativo y táctil). Sin embargo, desde el punto de vista de la percepción compleja ésta no es más que una forma reducida de percepción de la realidad.

El comportamiento humano de la percepción, puede abarcar desde estados normales de percepción de la realidad hasta profundos estados internos de percepción (cuántica) compleja de la misma.

La primera percepción, *sensorial externa (PSE)*, contempla las capacidades de sensación y observación del conocimiento de la realidad.

El mundo de la realidad sensorial al que todos estamos acostumbrados, está delimitado por el buen funcionamiento de nuestros cinco órganos sensoriales. Siempre se le ha dado jerarquía a los sentidos, otorgándoles mayor importancia a un sentido que a otro. Ahora bien, quien no tuviera ojos, cómo podría saber la sensación que produce una hermosa puesta de sol; quien no tuviera oídos, cómo podría saber la sensación que produce escuchar el concierto de música de la sinfonía de Beethoven; quien no tuviera olfato, cómo podría saber la sensación que produce la gama de perfumes de las rosas en primavera; quien no tuviera sensación táctil, como podría saber la sensación que produce estrechar el cuerpo de una mujer amada; quien no tuviera sensación gustativa, como podría saber la sensación que produce saborear las comidas. Todos los sentidos son muy importantes y se complementan sinérgicamente[24]. El supuesto básico que sostiene este mundo, es que cada elemento de él es objetivo e independiente. Cada cosa existe por sí misma.

Los sentidos (visión, audición, tacto, olfato, gusto, cenestesia[25] nos dan una percepción de la realidad, como si participara un objeto externo, independiente de un sujeto observador. No se percibe la participación del sujeto en la creación del objeto observado. Sin embargo, sabemos, por investigaciones de laboratorio, que la experiencia consciente puede ser investigada. Esta experiencia debe abordarse en una situación normal y ordinaria. En esta circunstancia inicial o primer paso, nos damos cuenta que deben existir elementos ocultos a nuestra conciencia ordinaria durante el desarrollo de una experiencia consciente, cualquiera sea ella. Lo que está presente a nuestra conciencia, es una minúscula parte respecto de lo que acontece en forma "invisible". Sabemos lo que vemos y hacemos en una experiencia consciente, tan sólo de una parte mínima del proceso total. Debemos investigar la naturaleza oculta del resto del proceso de la experiencia consciente. En este punto, se puede partir de las investigaciones realizadas por Francisco Varela, de la existencia de etapas en un instante de la experiencia, que definen los módulos de participación del proceso (intención, reconocimiento, sincronización, respuesta)[26]. Hay que destacar, que estas cuatro etapas ocurren en tan solo 720 milisegundos. Es decir, cada etapa no es de más de 180 milisegundos. Entonces, cuando percibimos algo, con nuestros sentidos, y mantenemos, por ejemplo, la vista en un objeto por un segundo, cada una de estas etapas se repite y refuerza varias veces, lo necesario para que se produzca en forma inconsciente el reconocimiento y la sincronización para que emerja una respuesta.

---

[24] Eduardo Punset señala que aunque los procesos de imaginar o ver son muy similares los sentimos diferenciados: "cuando imaginamos, efectivamente está activado el sistema visual, pero se desactiva la entrada de datos auditivos, somatosensoriales y visuales del ojo, y se inhiben estas áreas en el cerebro. Si no se inhiben estas áreas, lo que estamos haciendo es ver. Todos los sentidos están actuando y nos estamos preparando para actuar. Sin embargo, cuando imaginamos, hay zonas "desconectadas": no se pretende actuar y, por tanto, sólo se activa parcialmente el sistema visual." El Alma está en el cerebro. Eduardo Punset.
[25] Sensación general de la existencia del propio cuerpo, no ubica las partes del cuerpo.
[26] Estas etapas pueden asimilarse a los cuatro cuadrantes de la visión integral de Wilber: intencionalidad, cultural, cerebral y social.

Sabemos, por experiencia, que en la conciencia ordinaria es instantánea la percepción de la realidad y, por lo tanto, no creemos que se construya en tan poco tiempo. Sin embargo, en mediciones sensoriales (en niveles de microsegundos) se verifica que existen etapas en el proceso de la conciencia: intención, recuerdo, sincronización y respuesta.

Percepción racionalista

No haremos un mayor análisis de esta forma de percepción, sólo diremos que la percepción racionalista comprende la contaminación de la observación pues:

Veamos cómo se ha orientado la percepción de la realidad, que incide habitualmente en nuestra forma de "hacer" las cosas. Desde hace cuarenta años hemos sido testigos de una gran avalancha de conocimientos y tecnología puesta a nuestro servicio. Todo este cúmulo de acervo cultural ha sido dominado por un enfoque de la ciencia cognitivista. La aparición de los sistemas informáticos y de la inteligencia artificial, han validado este paradigma de representación de la realidad. La razón y las ciencias cognitivistas van a la vanguardia en esta revolución del conocimiento. A pesar de obtener frutos de esta forma de "ver" el mundo, ahora nos estamos dando cuenta del peligro de este enfoque. Los descubrimientos "objetivos" serían más bien una larga historia recursiva de interpretaciones de sus descubridores. Los objetos se formarían en la mente de los descubridores como resultado de la emergencia de coherencia interna, producto de las interacciones de leves estímulos sensoriales con sus memorias, reconocimientos y otras funciones cerebrales. Esta visión del descubridor, se traspasaría al resto de los espectadores que verán la misma objetividad propuesta por su descubridor e incorporada en la mente colectiva de la humanidad.

Actuamos según un marco de referencia que generamos o aceptamos en nuestra mente, rigiendo y orientando todo nuestro comportamiento según estos conceptos paradigmáticos que modifican nuestra percepción, pensamientos y acciones que originan con ello un proceso de validación y aceptación de nuestro modelo y visión del mundo: un libro, un autor, una idea o sistema de pensamiento, tienen influencia en nosotros, mientras no incorporemos a nuestra mente nuevos conceptos o modelos de acción. Prácticamente, los paradigmas o "sistemas de sumisión", nos afectan directa o indirectamente a causa de nuestra conciencia asociativa-programada. Sin embargo, esta misma situación nos da la capacidad de alterar la "sumisión" paradigmática, pues basta modificar los conceptos autorreferenciales para percibir el mundo de otra forma, orientando nuestro comportamiento bajo un nuevo paradigma del Ser, aun cuando normalmente el individuo no intenta modificar los conceptos que actúan como dogmas o prejuicios que suprimen o dificultan su libertad o independencia. Darse cuenta de este hecho es un factor importante que facilita el cambio, pues nos da la idea de que a pesar de que aparentemente el modelo adoptado en un momento pueda parecer correcto y adecuado, está, como toda proposición, sujeta a cambio de paradigma dados los nuevos descubrimientos de la conciencia del Ser. Nuevos puntos de referencia hacen percibir el mismo mundo desde otros puntos de vista que alteran, por ende, nuestro modo de actuar frente a él.

La nueva visión de la realidad, del fin de la representatividad de los objetos, trae consecuencias en las disciplinas o ciencias de la cultura humana.

Percepción conexionista-enactiva[27]

Ahora, si consideramos la percepción como un proceso conexionista-enactivo, por interacción de elementos objetivos y subjetivos tendríamos:

¿Qué ocurre en un instante de conciencia? De acuerdo a las últimas investigaciones, sucede un proceso en cuatro etapas. Por ejemplo, para tomar un lápiz para escribir. Primero enfocamos la atención a una intención de escribir; luego, reconocemos (recordamos o imaginamos) la forma de un lápiz; enseguida, sincronizamos nuestra mente-cuerpo para tomar el lápiz; por último, respondemos tomando el lápiz y termina ese instante de conciencia para comenzar otro, como es el escribir, olvidando el anterior. Así, ocurren infinidad de instantes de conciencia, que se van coordinando en una historia personal. Durante el proceso de la toma de conciencia ordinaria permanecen ocultas las etapas de reconocimiento y sincronización mente-cuerpo. De lo único que somos conscientes, son la intención y respuesta inmediata.

No nos cabe la menor duda de que estamos, en conciencia ordinaria, viendo colores, sonidos y formas fuera de nuestro cuerpo. Entonces, ¿por qué se dice que no existen los colores, ni sonidos, ni las formas que percibimos externamente a nosotros, bajo los nuevos conceptos de la percepción? Esto, no lo podemos entender. Y, aunque nos den todas las razones de ello, aún seguimos percibiendo las cosas como habitualmente las hemos visto. Creemos, ahora, con la

---

[27] Generalmente en los sistemas abiertos sujetos a procesos de emergencia y autopoiesis, la percepción conexionista y enactiva se dan en forma paralela. Respecto de la enacción, corresponde a lo señalado por F. Varela, como el proceso de la conciencia de una "puesta en obra de un mundo y una mente a partir de una historia de acciones que un ser realiza en el mundo".

comprensión de los procesos autopoiéticos, que tal proceso de percepción, de una configuración y forma de la realidad, se debe principalmente a que se genera un sistema auto-organizativo que mantiene la coherencia de la realidad en un ámbito comprensible a nuestra conciencia y que nos permita preservar coherentemente el actuar en la vida cotidiana. Sin embargo, si salimos de esta configuración de la realidad comenzamos a percibir que nosotros somos los que "vemos" y "hacemos" la realidad, entonces comprendemos la interrogante señalada anteriormente, al comienzo de este párrafo.

Hemos podido comprobar que si cambiamos nuestras creencias podemos percibir otra realidad. La nueva creencia es otro enfoque del mismo fenómeno u otra visión, desde otro punto de vista. Así, por ejemplo, la forma de percibir la realidad como una imagen holográfica de construcción de la imagen de un "objeto mental interno", cuyo reflejo en la realidad externa se fabrica por el intérprete cerebral que traduce finalmente la recepción como un objeto "externo" a él. Para llegar a esta visión, comencemos por revisar diversos tópicos que encierran más de una realidad.

Este proceso genera interferencias de impulsos nerviosos visuales y acústicos que en el proceso circular de la energía nerviosa provocan una interferencia vibratoria de ondas, produciendo con ello un holograma de interferencias, que al ser interpretado, se despliega en una imagen virtual con participación de todos los canales sensoriales (vista, oído, tacto, olfato y gusto). Si se mantiene la coherencia de los impulsos neurológicos a través de la estimulación acústica, cada imagen virtual que aparece, retroalimenta una nueva percepción de imágenes y una descripción por el intérprete, transformándose así, en una historia virtual reconstruida.

El participante percibe continuamente un estímulo sensorial (música) que produce una conexión neurológica permanente. Con anterioridad se presenta a esta estructura (sistema conexionista abierto) un estímulo sucesivo (imagen) de forma autónoma por el participante. Durante un momento del tiempo, que dura la sesión, este sistema se reorganiza "reelaborando sus conexiones" neurológicas, activándose ambas corrientes neurológicas frente a la presentación del auto-estímulo. La nueva presentación de este auto-estímulo al sistema genera un reconocimiento de él, emergiendo una configuración global representativa del modelo presentado

Percepción multimodal cognitiva-conexionista-enactiva

Una de las características de la conciencia es su funcionalidad dual[28], dependiendo del espacio en que se encuentre. Al igual que los diferentes estados de la materia tienen propiedades particulares, la conciencia en cada uno de los dos espacios, sensorial (ordinario) y cuántico (complejo) tiene sus propias propiedades. Quizás esta característica de la conciencia, sea uno de los principales elementos que tenga incidencia en el proceso de desarrollo y evolución de la conciencia. La percepción de cualquier estímulo externo (visual, auditivo, táctil, etc.) es dual, pues contiene simultáneamente tanto una estimulación corporal (ojo, oído, piel, etc.) como una señal de una función no corporal (visión, audición, tacto, etc.). "En un principio, no existía el tacto, o la vista, o el oído, o el movimiento por sí mismos. En lugar de eso había una sensación del cuerpo a medida que éste tocaba, veía, oía o se movía." (El error de Descartes. A. Damasio)

En conciencia sensorial (ordinaria), presenta las propiedades de adosarse a un envase (cuerpo) con características propias de la materia, de inmovilidad, de identidad o pertenencia, de ubicuidad, de temporalidad. En cambio, la conciencia cuántica de estados alterados (no ordinarios), adopta propiedades de deslizamiento de su sensación de envase (cuerpo) con características aproximadas a la energía, de movilidad, de trascendencia de la identidad, del espacio y del tiempo. Una característica importante de la conciencia en ambos espacios sensorial y cuántico (ordinario y complejo) es que la fijación de la atención, permite discriminar la propiedad específica en que nos encontremos. Así por ejemplo, si nos encontramos en conciencia sensorial (ordinaria), podemos prestar el foco de atención en un momento a sentir la conciencia en nuestro cuerpo, o a nuestra ubicación espacial y temporal, tomando esta experiencia como real en este campo. En espacios cuánticos (complejos), podemos prestar atención al cambio de identidad o trascendencia del espacio y del tiempo y también considerarla real en este otro campo transpersonal. En ambos casos, es una experiencia virtual de observador-participante.

Uno de los aspectos que contempla la visión de la dualidad de la conciencia, se refiere a la forma de percibir del cerebro. Se puede primero percibir con los cinco sentidos en conciencia sensorial (ordinaria) y segundo, se puede percibir con la estructura cerebral cuántica (u holonómica). Se sabe que el cerebro puede actuar de dos formas para recordar: tener localizado la función de la memoria en un lugar

---

[28] Según señala A. Damasio, cada percepción sensorial genera una señal doble: una señal corporal, originada desde la entrada del órgano sensorial y una señal no corporal por la funcionalidad del sentido estimulado.

del cerebro o también, tener disperso en todo el cerebro la función de la memoria (como un holograma). De ahí que podemos decir, que somos individuos (con sus sentidos) y también somos seres holoides (con estructura cerebral holonómica). Esto significa que toda la información (recuerdos) del universo se encuentra en nuestro cerebro y que en condiciones especiales (estados alterados) podemos acceder a esta información. Así, toda la información del pasado, presente y futuro está contenida en nuestra estructura cerebral y de hecho nunca estamos desconectados de los demás. Entonces, todos los recursos ya los tenemos y solo debemos buscar una forma para extraerlos de nuestro interior. Esto es lo que persigue la funcionalidad integral de la conciencia a través de la meditación cuántica.

Conclusión

Obtener el equilibrio de los dos espacios de la conciencia (sensorial y cuántico), permite un desarrollo y evolución de la conciencia saludable, que puede tener enormes repercusiones en el funcionamiento de la humanidad. Mantenerse en un solo espacio "es incompatible con un comportamiento adecuado y con la supervivencia en el mundo cotidiano". La integración de ambas formas de percibir la realidad, contribuye a una "salud mental genuina". De ahí que, desplazar la orientación, de un espacio al otro, contribuye a un desarrollo sano y eficiente del funcionamiento de la conciencia. Sin embargo, este no es el paradigma que prevalece en nuestra cultura hasta ahora. La cultura occidental, ha tenido por eje en su paradigma de funcionamiento de la conciencia de un solo espacio (sensorial), con claro predominio en este contexto, de la materia sobre la energía. La educación, salud, trabajo y comunicación, están orientadas con el paradigma de la conciencia como materia. Sin embargo, hay indicios y esperanzas que esto vaya cambiando en las próximas décadas. Con el avance de la ciencia y el reconocimiento de las nuevas formas de vida y aplicaciones de la tecnología de la conciencia dual, estamos cada vez más cerca del cambio de paradigma desde la conciencia como materia (sensorial) hacia la conciencia como energía (cuántica).

Es sumamente importante, que desde ya se inicie el proceso de cambio, de adaptarse a la funcionalidad integral de la conciencia, en todos los ámbitos de la cultura y educación, en su más amplio sentido. Si esto es así, traerá profundos cambios en la forma de percibir y actuar en el mundo del mañana.

Llevar a cabo este salto, no requiere de grandes cambios tecnológicos en el sentido de incorporar maquinaria y equipos. Sólo se requiere de un cambio en el modo de pensar y de hacer las cosas. Es más bien un cambio en la percepción y enfoque de la atención en el otro espacio de la conciencia, cuántico, que históricamente hemos dejado en el olvido. Es volver a recordar lo que somos y llegaremos a ser.

Bibliografía

Hernández, G. & Rodríguez,L.M. (2003). Filosofía de la experiencia y ciencia experimental. México: Fondo de Cultura Económica.

Peña, O. (2004). El Universo en un instante de conciencia. Stgo. de Chile: Lom Ediciones Ltda.

- (2006). Cambio de sentido. Santiago de Chile: Mago Editores.

Punset, E. (2012). El Alma está en el cerebro. Barcelona: Ediciones Destino S.A.

Varela, F., Thompson, E. y Rosch, E. (2005). De cuerpo presente. Barcelona: Gedisa.

Wilber, K. (1989). La conciencia sin fronteras. Barcelona: Kairós.

- (2003). Una teoría de todo. Barcelona: Kairós.